U0111583

大展好書　好書大展
品嘗好書　冠群可期

大展好書　好書大展
品嘗好書　冠群可期

以心悟道論道德本源

從太極拳高手到應物自然

劉駿濤◎著

與恩師王永祥

與王琪老師合影

與弟子看望恩師李雨樵

與南拳女王陳惠敏合影

傳承

收徒儀式

與部分弟子合影

與學員合影

指導學員

少年時習武

劉老師分享拳道

練功照1　　　　　　　　　　練功照2

練習推手

練棍

養生樁

矛盾樁

伏虎樁

混元樁

意拳操拳1　　　　　　　　　意拳操拳2

弟子熊峪演練鷹樁

弟子袁龍梅裁判武術比賽

弟子袁龍梅練習劍術

目　錄

序一
意與氣

意

科學界有一些發現和一般人的理解大相逕庭，所以乾脆不公開發表或不宣揚。例如，歐洲有幾所大學把禁食者隔離14天，只給他們喝水，並且用錄影觀察他們。14天後，發現這些長期禁食者的身體各項健康指標，含體重，絲毫沒有變化。這種和現今科學常識完全違背的結果，乾脆就不主動公開了。

神經學和物理學界也有一個不主動公開的秘密，就是我們所見的世界其實是在大腦視丘中虛擬的。真實的物理世界沒有聲音、沒有影像、沒有味道，所有的事物都是物理粒子和力載子的頻率，這些頻率被人體受器接收，人體再將這些頻率轉換成我們認知的世界，也就是虛擬世界。這個說法看起來極端，其實已經是神經學界和物理學界的共識和常識了。

既然我們感受到的是大腦中的虛擬世界，那麼，真實物理世界長什麼樣子呢？瞭解真實物理世界有什麼好處呢？

　　在真實世界裡，桌子不再是一個堅實的物體，而是稀疏排列的原子核和電子所組成，原子的能量場反射光線並且和手的能量場互斥，導致手無法穿透桌子，讓我們在虛擬世界以為桌子是個堅實的物體。

　　在真實世界不只桌子變得很怪異，傳聞中的一些特殊能力，也可能在真實世界找到解釋。以中國武術的內家拳為例，傳奇的內家武術高手可以看到真實世界中意識的流動、氣的流動，最後才是肌肉運動。

　　太極拳高手在對手動意念之後，便先黏住對手的意念方向，化解對手的氣和勁，然後進行反擊。形意拳高手直接破壞對手的意念，並且從意念破綻處進行反擊；八卦掌高手透過步法避開對手意念進行反擊。因此，突破虛擬世界和真實世界的藩籬，是中國武術內家高手的第一要務，無法碰觸真實世界就不能稱為中國內家的武術大師。

　　道家是另一群努力探索真實世界的人，道家求道的第一個關卡就是體驗真實世界，所以他們到深山密林，在寧靜中靜坐找尋接觸真實世界的方法。道家從真實世界中找尋人類生命的真諦，老子因此寫了和虛擬世界的儒家、墨家、法家諸觀點截然不同的《道德經》。

　　所以，中國內家武術、道家，甚至藏傳佛教、印度瑜伽，入門的第一個關鍵，都是能體驗真實世界的物理實體和能量，這是真正的武林不傳之密，也是各家求道者千年的秘密。

氣

　　多年來中西醫一直在爭執「氣」是什麼？西醫認為氣無法被現代儀器量測，事實上，許多物理微粒和力載子都無法被儀器量測，像是重力子或聲子都尚未被量測，即使已經被量測的希格斯玻色子，也是花了很大的力氣才發現的，氣只是另一種不易量測的力載子。氣是力載子，一種流動的能量，中醫把氣的頻率分為五個波段，就是俗稱的五行，再把自旋向上和向下稱為陰陽。

　　中醫認為身體中不同器官依賴不同頻率的氣運作，厲害的中醫師把脈時即是察知病患身體中哪一個頻率偏弱，便知那一個器官運作不好；或是察知有頻率特殊的氣，便知是否有傳染病或是發炎、癌症等。身體要健康便須讓陰陽五行的氣在身體中均衡運作。

　　中國內家武術用站樁練氣，對外可以做為武術防身，對內可以健身。道家用靜坐練氣、印度人用瑜伽練氣、中醫用食藥補增氣，殊途同歸。

　　西醫能夠用化學藥物治癒細胞的疾病，但是要讓細胞強壯，還須加上中醫「氣」的觀念。因此，練氣是讓身體變好的重要因素。

意與氣

　　意，讓我們可以接觸真實世界；氣，讓我們的身體強健；這兩者也是中國內家武術的關鍵，道家、印度瑜伽士、藏傳佛教也在追尋這兩者。問題是如何入門，去學習

意與氣呢？

　　劉駿濤老師精通中國武術內家拳，並且從武術中跨入真實世界，成為武術大師。在劉老師的第二本著作裡，給習武者和修道者一個大禮，就是如何探索真實世界的意與氣，這是所有習武與修道者第一個大關卡，沒有跨過這個關卡，永遠只在修練的門外踱步。

　　劉老師在書中整合內家武術和道家修練，讓習武和修道者可以循序漸進學習，逐步進入意與氣的真實世界，進而改善對世界的認知、增加身體健康、強化習武功力。這將是對人類世界一個重大的貢獻。

台灣永續企業協會創始人
暨美國 SBTI 中國區總顧問
詹志輝

序二
走進探索哲學、科學、社會、健康的康莊大道

　　劉駿濤先生是深圳武術圈有名的武術家、技擊實戰家、太極拳大師。上學時專業就涉及技擊實戰，先後學習過南拳、太極、意拳、八卦、形意、詠春等拳種，2006年註冊了深圳內家拳輔導中心，後更名為柔武堂太極拳功夫館。為深圳、廣東，乃至全國培養了大量的內家拳高手、愛好者。

　　我和劉駿濤先生結緣於治病養生。在2008年的時候，我身體很差：心肝腎不好、腸胃不好，睡眠不好、便秘、肩周炎嚴重、心臟時常會出現跳動過快，有兩次甚至在酒桌上出現突然昏迷，中西醫都建議隨身攜帶速效救心丸。後來開始吃中藥調整，大概持續了一年時間，熬壞了幾個中藥罐，廚房裡充斥著中藥的味道。

　　當時給我治療的中醫師是我的一個好朋友，他說我的身體光靠吃中藥不行，我的五臟至少有三臟不好，對這個臟器用藥，就會傷害到另外一個臟器，他建議我不妨練習太極拳進行調整。我透過幾次輾轉介紹，開始向劉駿濤先生的老師李雨樵先生習練陳式傳統太極拳，在熟悉傳統太

極拳的基礎上，開始向劉駿濤先生學習推手。

自從我練習太極拳以後，身體起了明顯變化，起初我堅持一個月一次到中醫朋友那去診脈，中醫朋友說我的身體每次都改善明顯。從吃中藥——到不吃中藥——到不需號脈（只看氣色就知道）——到每個月不再需要到中醫朋友那去，前後大概持續了2-3年時間。現在，原來所有的毛病都沒有了，身體比二、三十歲的年輕人都好；還能給自己的女兒和92歲的老母親治病、理療身體，練太極拳讓我受益頗多。

在2009年的時候，劉駿濤先生就是深圳武術界的名人，我那時還不太瞭解推手和技擊，看到劉駿濤先生能瞬間將對手發出或摔倒，感覺太神奇了。

我兒子從高一開始，就拜劉駿濤先生為師，學習形意、大成和太極推手，至今已有近九年的時間。當年也是由於這方面的影響，兒子在上大學時選擇了中醫的專業，如今已經在讀研一了。

在和劉駿濤先生相識的十年裡，看到了劉駿濤先生一個層次、一個層次的進步，尤其欣賞他能解放思想，勇於創新，敢於丟掉原來已擅長的東西。就像本書裡說的，「練成鬆沉勁很容易，卻是拳道路上不可或缺的重要關口。拳道取得鬆沉勁就可以算功夫入門了。好多人獲得鬆沉勁的同時，因為好用而忘乎所以，不懂捨得的話，想要更進步，在鬆沉勁中求輕靈就很難了。」

本人也有過此經歷，在剛有鬆沉勁的時候，就特別自豪和自信，到各個公園到處找人推手，有時把對方傷了，

有時把自己搞得傷痕累累，經常到骨科醫院治療。其實鬆沉勁才是本書裡寫的「勁、氣、意、神」的第一步中的一部分，如果捨不得，不可能向下一個階段進步，看本書中描述的層次就知道，劉駿濤先生越過了多少層次，捨得了多少東西。

從《以心悟道練太極》到現在的這本書，感覺到劉駿濤先生又有了很大的進步，本書裡說到：「對於『神明』境界我的定義是：並不是武道的最高境界，而是通往以武入道的必經之路，是人類肉體與精神的完美結合。」《以心悟道練太極》對「神明」有所提及，但不像本書寫的這麼清楚。能指出「神明不是武道的最高境界」，這不是一般的體悟，是突破性的體悟，是真正進入了道的門的體悟。

對「勁、氣、意、神」各個階段，我自己的認識是：在勁整的階段，有形，形實，比如鬆沉勁；在氣均勻的階段，有形，形虛；在意均勻的階段，無形，但是一動仍然容易出尖，這是因為用意必過腦，動作是由心到腦發出命令，這就會出現兩個現象：

一是從心腦兩點出去，就會有一個通道，對方就會看到這個通道，也就是我們通常說的露形了、出尖了；

二是過腦以後，人就會糾結，放不下，容易讓對方感覺到；

在神明階段，無形，動的時候也不會出尖，這是因為只用心不過腦，道家有個說法叫「心主神明」，這樣就不會有形，對方就感覺不到。我也很贊成「神明」不是武道的最高境界，猜想後面應該還有率性而為階段（明心見性

後無心而動）、隨緣而為階段（性空緣起）、無緣而為階段（無緣無故充分自由）。

道家文化，提出「心物一元」、「天人合一」，認為世界的本源就是道。但是道家的文化的豐富，要全面瞭解才能清晰，可以參考一下《參同契》，裡面對道家的練功方法和境界有著更為深入的介紹。網上有一篇文章裡介紹了道家修真的階段：初級境界——**煉精化氣**：旋照、開光、融合；中級境界——**煉氣化神**：心動、靈寂、元嬰；高級境界——**煉神返虛**：出竅、分神、合體；大乘境界——**聚虛合道**：渡劫、大乘、飛升。神明應該是道家修真的中級階段。

儒家文化也在積極探索、追求物質世界的本性，所以有格物致知的思想，這個「知」就是世界的本源。但是儒家裡很少有人能達到這樣的境界。

宋朝的陸九淵，提出「我心即宇宙」，明朝的王陽明提出「我心光明」。這兩人是宋明兩代心學的代表人物，能達到這樣境界的人，在儒家也是屈指可數。但是，這兩個人也沒有達到格物致知的境界，沒有認識到物質世界的本性，也沒有進入養性的康莊大道。

佛家文化，也是為了追求探索世界的本源，提出了明心見性，立地成佛。佛家的文化也很豐富，建議參考一下《宗鏡錄》，裡面對佛家各派文化和修煉方法有詳細、系統的介紹。

如果想更深入地瞭解佛家功夫的各個階段，建議看一下《大梵天王問佛決疑經》，裡面對佛家文化所指的三十

三層天，有詳細的解釋，三十三層天以上才是菩薩、佛祖所在的地方。三十三層天可以理解是佛家功夫沒有達到成佛前的各個階段，一般人理解的神明應該在色界天的四個禪天裡面的二禪天（少光天、光音天、無量光天）。

儒家文化、道家文化、佛教文化在追求探索世界的本源方面是一致的，比如都關注心的修煉、都追求世界的本源、都想在理解世界本源的基礎上加以應用，只不過是起手的方法不一樣，才讓採用不同方法的人認為三種文化是不一樣的，一旦達到清楚地認識到世界本源的層面，三家就又沒有分別了。

這就像武術，有現代技擊、傳統武術之分，現代技擊有散打、拳擊、綜合格鬥，傳統武術有形意、八卦、太極等。開始練的時候，起手方法不一樣，到一定階段以後，就沒有分別了，就統一了。就像王薌齋先生說的「拳本無法，有法也空」。但不可否認的是，人們對傳統文化（含傳統武術）的認識是有不同層次的，當層次不到時，不同文化之間是互相無法理解的。就像本書中說的「**以門為界，門外之人是永遠不能瞭解門內的真實情況**」。比如對自然景色的理解：如果沒有到過廬山，是真不知道廬山的美景，所以無法說出廬山的美景，怎麼描述也無法讓他明白廬山的美景，就像書中說的門外之人；在廬山中，瞭解一些廬山美景，但並不知道廬山美景的全部，就是「不識廬山真面目，只緣身在此山中」，就像瞎子摸象，被局部現象所限，這就是一般人僅捍衛自己知道的，不敢去觸碰自己不知道的的體現，現在的門內多是這種人；走出廬

山，才識廬山真面目，才知外面還有黃山、泰山等，也才能真正知道廬山的美、廬山的局限。這種人就鳳毛麟角了，必須既能捨得、又能突破，才能達到如此境界。這也就像形容一個好妻子一樣，上得廳堂、下得廚房，進得去、出得來，不受局限，才是真功夫、全面功夫。

現代的科學在某些方面已經和道有所融合，例如在宇宙尺度上，透過對宇宙中微波背景輻射各向異性的精細觀測，可以確定出宇宙中的能量總量。觀測表明：構成天體和星際氣體的常規物質所擁有的能量占總能量的4.9%；給宇宙中大部分天體系統提供了穩定運行引力的暗物質所擁有的能量占總能量的26.8%；推動宇宙加速膨脹的暗能量占總能量的68.3%。

我們現在認識和能接觸到的能量只是常規物質所擁有的能量的一小部分。宇宙科學家對暗物質已經有所認識、並在積極探索；而對暗能量，人類完全不知。在修道的路上，可以提升對這些能量的認識。在功夫進入道的門後，就能體驗出不一樣的能量，根據層次的提升，會越來越明顯，既能認識到不同的能量，還能利用不同的能量。

1984年，世界衛生組織（WHO）在《保健大憲章》中進一步將健康概念表述為「健康不僅僅是沒有疾病和虛弱，而是包括身體、心理和社會適應能力的完好狀態。」1989年，世界衛生組織（WHO）又進一步完善了健康概念，指出健康應是「生理、心理、社會適應和道德方面的良好狀態」。結合2019年末爆發新冠肺炎疫情後，各個國家發生的各種不正常情況，可以看出，我們大部分人現

在缺乏這種健康的狀態。透過修道，來完善這種狀態是最合適的一種方法。

修道可以修身養性、完善自己、提高層次，這大家都知道，但是怎麼做，是一大難題。過去傳道，都是封閉式傳播，有句話叫「道不傳六耳」。所以如何入道、如何在道上正確前行、如何在求道的路上實現質變，正是尋道之人最大的困惑。

劉駿濤先生在這本書裡就給大家提供了一種方法——以心悟道練太極，這就有了修道的抓手。這種練太極的方法，是經過劉駿濤先生自身驗證過的，並且是可以不斷改進和提高的方法；更為難得的是，劉駿濤先生已經建立了一個以武修道的體系，這個體系是可以複製、推廣、實證的。願有緣接觸此書的朋友，藉此推開道的大門，步入現代社會需要的全面健康的康莊大道。

深圳市天合太極拳協會會長
律師、專利代理師、健康管理師
邢濤

自 序

　　《以心悟道練太極》一書由臺灣大展出版社出版後，在後記後面添加的「武道入道之道」和附錄中的「拳道述真」兩篇文章引起了一些讀者的興趣，發郵件或微信留言來探討文中提到的太極拳「神明」境界，並對書中的修身養性方法提出問題，希望我可以說的更詳細一些。因為是以武入道，所以上本書中講解技擊要多過講養生修煉，這也是我的一個遺憾，總有其意未盡的感覺。對於「神明」境界我的定義是：並不是武道的最高境界，而是通往以武入道的必經之路，是人類肉體與精神的完美結合。在「神明」階段之後就是大道的虛空，也就是修煉中的煉神還虛。道的虛無空曠很難和拳友解釋明白，當時我在書中的表述是：「要從『有』練到『沒有』，再把『沒有』，練到『沒有』，就是所謂的『空』（執著於『沒有』，還是一種有），這時要拋棄樁的外形，也就是拋棄最後的束縛。」沒練到這一階段的朋友，就會看不明白，並產生錯誤的理解。如何對太極拳「虛無」和「空」有準確的定義和表述一直困擾著我。

　　2019年夏天，我應邀在廣州外貿讀書會做太極拳專題演講，演講中引用了很多《道德經》中的名句，引起在座朋友們的關注，連續邀請我從太極拳養生修身的視角來

全新解讀《道德經》。

之後的幾個月裡，每週我都趕赴廣州，我們從太極拳修身築基入道開始，遵循老子的谷幽淵深，窺探眾妙之門，回歸太極柔弱而固握的赤子本源。進行了一次從道家本源反觀太極拳的修心健身之旅。

「太極者無極而生，道之虛無生一氣，天地為一大太極，人身為一小太極。」這些道理都說明，修煉太極就是修道，修道就是練習太極。虛無不是太極拳的最高境界，而是太極拳修身明心的本源。困擾我已久，難以解釋清楚的「虛無」和「空」的概念，太極修身明心的方法，老子在2500年前就明白的告訴我們了。

《道德經》以五千言論道，實為中華傳統文化的命脈所在，可惜今天的人解讀多為誤讀，這是沒有入道的原因。就像用西醫的方法解釋中醫一樣，思維根本不在一個頻道上，似是而非的按字面意思解釋，根本行不通，完全不是道家本意。《太極拳論》中說：「差之毫釐謬以千里，學者不可不詳辨焉。」《道德經》中隱藏了完整的修身、養命、修心的功法體系，正是太極拳修煉者應當知道、明白，並固守的根本。

太極拳空無虛化之術，先賢早已述明，只是多為庸人的講解所誤，實為古今憾事。就像有一場球賽，場下球員才是參與者，有門票的可以觀看參與者的遊戲，而體育場外面的人只能聽到聲音，只憑聲音和想像怎麼可以解說比賽呢？一失其真，恢復最難；一失其生，萬劫難復。要想瞭解人家的遊戲至少得有一張門票吧？太極拳由動返靜、

由外入內，以心證道，正是這張門票。

今以太極拳有法而無法，無法而自然的修煉方式，以明「道」的無身無物，萬法歸一的真意，復歸天人自然根本。由自然根本更悟太極拳大中至正的明心修身，以得健康保命之道。在《以心悟道論道德本源》中將逐句逐字對道家經典結合太極拳修煉方法予以解讀，力求本正而源清，由歧路而歸正途。如有與所謂專家學者所見不同，笑罵由人，大道朝天而已。

本書以臺灣大展出版社出版的《以心悟道練太極》一書附錄中的「拳道述真」一文開篇。一是因為該文寫作時間稍晚，人民體育出版社的版本並沒有來得及收入此文，很多讀者沒有讀到。二是文中的以心悟道修煉方法，也可以作為兩本書之間的過渡銜接。

詹老師與邢會長都是相識多年，亦師亦友，對我幫助巨大。這次在百忙之中惠賜妙文，見解至理，有此師友實為平生大幸。序文中二位多有讚譽之詞，亦之汗顏。感謝陳立宜先生、Cindy 的大力支持和幫助！感謝大展出版社諸位專業的工作態度！感謝在寫作時家人的理解和付出！感謝《以心悟道練太極》讀者們的每一條留言和指正。

如有問題交流探討，歡迎來電13662659012微信 sz-liujuntao

拳道述真

一　不丟不頂貫始終

　　太極拳前輩在記錄太極拳理論時，經常會有一些自相矛盾，或這個階段適用那個階段卻不適用的理論，如「避實擊虛」，和「遇虛當守、得實即發」。太極拳的各種看似有道理的理論，在太極拳修煉的各個階段也許並不是全部適用的，因為記錄這些理論的前輩都是根據自己當時的太極拳水準總結出來的，後人不論是否適合自己的層次，一概奉為圭臬，這顯然是不智之舉。

　　那麼，太極拳有沒有一直要習練者奉行的準則呢？我的心道太極拳是有的，這就是不丟不頂。

　　不丟不頂首見《打手歌》，之後在各種太極拳書籍和大師們的解釋，大多是隨對手所動，也就是要做到捨己從人，《打手歌》中也將「沾連黏隨」做為修煉「不丟不頂」的四大關鍵。但我覺得這種解釋還是比較片面的，並沒有完全抓住太極拳乃至內家拳的修煉要義。

　　太極拳是修煉人與自然和諧的關係，不但要與自然互動還要融入自然，渾然一體，天人合一。「心道太極拳」就是以自心出發來尋找天人合一的自然之道。不丟是為了

自身不散，不散便要求整，周身一家，在勁階段整體運動，在氣階段周身相隨，在意階段意氣勁內外相合，一舉動周身俱要輕靈，一動周身無有不動，一靜周身無有不靜，形意拳一步一椿，整體運動、八卦掌進退隨心，仍是周身整體。所以說不丟即為不丟自身，不丟即是整。不頂更是符合自然之理，如水不爭，隨圓就方，不與自然相爭，不與萬物相抗。

太極拳練習的特點是一切從本心出發，不丟不頂也要從自己的身心來找到練習的訣竅。所謂不丟不頂就是在整的基礎上，不但不和外在自然環境頂，也不能和自己頂。

不和天地萬物頂，而是一切溶於自然，自身變成自然的一部分，借力借氣為我所用。在推手或實戰時，要知道對手也是外在環境的一部分，自然也就不與之相抗了，而是順其來力，當心有所感，對手與周邊環境出現相頂相爭或不均整時（因為與環境想頂會出現滯、斷等錯誤，不整就是丟），便會自然相擊了，說的明白點，這時是可以借到大自然的力量的（力均勻的可以借到反作用力，氣均勻的可以借到氣）。

自己不和自己頂，在各個階段的表現形式是不一樣的，比如肩鬆不下來，在前幾個階段是妨礙勁的傳遞，這時我們就可以說肩和腳頂了，抵消了一部分勁。而在能感覺到氣運行的練習者，就要提高對鬆肩水準的要求了，勁雖然可以不頂，但鬆的不夠的話，胸口的氣沉不下來，這時會造成氣滯，對身體不但有害，也會影響勁的運行，這時就是氣頂（氣與對手的氣頂，也是一種頂）。

不與自然頂和不與自己頂，其實是一回事，因為自己也是自然環境的一部分，只有不執著自身，一切依照本心，才能從與自然外界相爭到慢慢的相同步而至相溶。

二　形、氣、意、神皆包容

要想做到不與外界自然環境和內在自身頂，就必須在拳架、站樁、試力、推手四大入門基本功上下工夫，還要明白每一階段我們練得究竟是做什麼用的，這樣練的目的是什麼，而不是傻練。

站樁和拳架的目的，在外形階段（也就是勁均勻以前），是練習鬆身，周身從上往下一步步往下鬆，首先要做到勁力不頂，勁力的傳遞順了，外三合就完成了，這是外形上的不丟不頂，外形上的鬆（我指的是真鬆，有丟、散、斷的不是鬆哦）到一定的程度，就明白這樣的放鬆目的實際是為了讓氣血通順。在氣血通順的基礎上，再來感知身體有沒有僵緊的地方，有僵就妨礙氣血的運行，在勁與氣沒有合好的情況下，氣不順力是發不出的，因為這時需要勁氣相合，也就是內外相合，這樣才符合太極勁（氣至則力必達，氣者力也）。

這時的試力和推手是練習感知外在自然環境對自身順遂的影響，自身由與外界相爭到與外界一致乃至相溶，完全與自然一體，這時才能前進後退無不得機得勢。

太極拳是一層功夫一層理，勁不順時就聽不到氣頂，氣不通達時也談不到意會不會頂，這裡要告訴大家的是，無論拳架還是推手、站樁、試力（後期站樁就是試力，試

力就是站樁）都要不丟不頂，不但勁不頂，氣、意、後期講到的神都不能頂（在明勁階段，意氣一定是頂的，氣順時意會頂，只有內三合全部完成，這些才會不頂。但有其他的東西頂，只有空時才會完全不頂）。

三 「守中用中」中何在

守中用中在太極拳推手和散手中都是十分重要的原則。但對中的定義並沒有統一的認識，大家都搞不懂，「中」究竟是什麼，該怎麼守怎樣用？

據說楊露蟬曾經說過，占住中線往開裡打。這應該是太極拳最早記錄用中的說法了，這是說中就是對手的中心線，這對於剛接觸推手的練習者來說是比較容易理解的，因為人體的中心線往往是重心線，破壞了中心線，使對手中間斷勁，比較容易破壞對手重心。楊家拳譜也說：「可謂太極圖之中線，人體之中脈『發於中，形於外，達於四圍。』」就是這個意思。

太極圖圓轉不定，陰陽無時無刻不在轉換之中，何況陰陽本是一體，如何尋覓中線？要想把握陰陽，必須知道無中任何東西都不可分，只要分了陰陽，就是有中。明白了嗎？

我前面講過太極拳不是陰陽拳，「太極者，無極而生，陰陽之母也」，太極是陰陽不斷運動的，為什麼運動？就是不讓你有機會同時控制事物的兩面。陰中有陽，陽內含陰，陰陽有無限可分性，所以太極圖裡是沒有中線的（太極是把中藏起來，到了無極就真沒有了）。

　　我們說「守中用中」是因為我們練習太極拳要把中藏起來，因為我們還沒練到沒有中（空了就沒中）。這就明白了，中就是破綻，它不一定在人體的中線，因為我們破壞的是對手的重心，重心一般出現在力的頂點，所以中就是你頂的地方。有的人說不是我斷的地方嗎？你斷就不整，不整就是丟，丟就周身全都頂。

四　長、短、剛、柔俱相同

　　太極拳開始入門時，大家接觸的都是長勁，長勁是一種以移動重心發出的緩慢釋放的持續勁，這種勁有兩個標準：一是在一定開合間移動重心；二是勁中含化。無論拳架還是推手，如果違背了這兩點就無法形成太極勁。

　　在一定範圍內進行移動重心的開合，就是為了在發力的時候，也是整體的運動。我們提出練習試力就是為了加強這意識，太極拳架為什麼要緩慢的移動，這也是重要的原因。勁中含有化勁，就是為了不頂，在發勁的方向上也不與包括對手在內的自然環境頂。

　　有人說短勁是不用移動重心，利用身體內部的運動來發出的，這種定義是不對的，短勁無論從運動的路線，還是重心的移動上都和長勁是相同的，速度上雖有變化，但仍是遵循長勁的標準來運動的，只不過是身體進一步放鬆，打出來的速度加快了而已。

　　在剛練習發短勁的時，確實是有丹田內爆等現象，這是因為氣和外形仍沒有形成統一，也就是內外沒合，這時發出的短勁，有一部分因為氣頂的原因反作用到自己，會

有一定傷害性（陳式太極拳在這階段，有一些人的練法確實是值得商榷），隨著聽勁的上升，明白不能和自己頂的道理後，短勁會變得自然順遂，和長勁一樣。

剛與柔在字面上是相對立的，就像陽與陰一樣。但在太極的原理上，我們卻知道陰陽有無限可分性，陰中有陽，陽內含陰，剛柔其實也是相同的道理。剛柔其本質是一樣的，比如，我要發力打人（打人一定用剛力），肩放鬆（肩關節的拉遠放長）時可以發力，因為肩放鬆後，胸口的氣就沉了，肩關節就不會頂自己傳動上來的力了，氣沉下去了，胸口就不會頂了，這時發出的剛勁才是有效的，否則發出的就是肌肉的蠻力。所以剛勁一定是鬆柔發出的，否則就是頂。反之，一味講柔，就容易散，不是整體，前面講過不整就是丟。

在不丟不頂的大原則下，我們會發現太極拳從入門到最後的無極，道理都是一樣的，就是要溶於自然，這會讓我們更加瞭解事物的本質，體會矛盾的對立與統一。

五　神明便是心頭念

在意念不丟不頂的情況下，我們就可以控制自己的頭腦了，在臨敵時才是真正的知己功夫。整個的心道太極拳的訓練系統，都是為了瞭解自己，控制自己去符合自然。在這個基礎上我們就可以尋找入道的路口了。

在我們可以控制意的時候，我們會發現有一種意識仍然無法控制，這種意識既不是主動意識也不是潛意識，他是來自我們內心的真實想法，這種想法在意之前產生，是

自身行為最忠實的體現（聽到這種想法必須是意均勻時才可以聽到）。

　　心起的念頭不同於物質，它不能被看見，也不能被聽見，它只可以被心感知到，這是它的基本特點。這種念頭具有不受控制和連續性的特點，一個人的起心動念根本不受大腦控制。我們會有這樣的經歷，有時突然說出來的話，想都沒想，卻是內心的最真實的反映，真實到自己都不相信，經過大腦一想，我剛才說錯話了，那不是我的想法，卻不知這才是最真實的。有時一個人自言自語，還有比如推手時會做一些經常重複的動作，這就是心起念連續的特性。

　　念是每個人都有的，只是被意掩蓋住了，太極拳練到這裡，就可以聽到他的存在了。念會自己跑出來，東想西想的，所以我們必須嘗試控制他，透過站樁和推手來感覺心不動的狀態，去一點一點體會內心，控制念的出尖，把他做均勻了，這時便找到真正的靜。

　　他的檢驗標準就是不在意，這時聽力已經達到相當的程度，對於一些自然之理已能分辨的細緻入微，對外來力、氣、意洞若觀火，是真的可以不在意，而不是像一些太極拳大師裝出來的不在意。

　　真假不在意的分別是，假不在意，是意會在對手身上，但是散的，這時受到攻擊意念會頂，靜是感覺不到意，卻是整的（因為念是整的，受到攻擊時，念會攻擊對方心動的一瞬間出現的點，被打的人根本不知道為什麼會被打）。

我曾經懷疑過練功夫要經過這麼多彎路和關口才能感知到靜，是不是太慢了？人家佛家、道家入門就是練靜了，好多人的太極拳幾十年了還在形上和氣上徘徊呢，我們的入道之路也太慢了吧？後來我發現佛家、道家更多的修練者這一關根本入不了門，好像靜下來了，念卻不知跑到哪裡去了，所以我們分辨有沒有開悟的高人時只要看他在不在意（不在意心才不會亂，才對萬事萬物順遂，才會和人與自然不丟不頂）就可以了。我們透過聽自身和外在自然的變化，卻更能體會自己的內心，所以心的念也不能出尖。

至於為什麼說心頭念就是神明呢？聽力已經到了對手想一下都會讓他出尖的地步還不是神明呀？（念均勻完全符合前人對神明境界的描述）

六　明心見性即為空

空即是本性，這是經過不斷驗證過的。佛家講究一切皆空，便是直指人的本性。《楞嚴經》上有這樣一段話：「真心無形象，無色彩，非過現未，非香味觸法。但它是有，不是無。」這說的是本性必須要用真心來尋找，他不能用具體的現象來作為判斷的依據，而是要靠內心真實的感覺。空不是什麼都沒有，而是一切都有。

心本來都是明的，但人在後天成長受到妄想、僵力、頂撞、執著等煩惱把它障礙住，所以不能明悟，只有把這些逐漸化掉，才能恢復心的本性。

我們以武入道之路到這裡就變成了以心悟道了，在靜

（念均勻）的基礎上，來逐漸感知，千萬不要想，想了就是念或意而不是空。空不需要均勻，因為空是什麼都有的沒有。

在念均勻的狀態下，就不能增強武術的用法了，因為一旦想用，就不均勻了，念就會出尖，也就是說，你雖然聽到對手的心念出尖或斷，一想用就變成意了。但這時的聽勁非常恐怖，變成用意還是可以比對手快，所以聽勁判斷出的心念斷是可以用的。到了空時，是無我無人，我即自然，對手違背自然，肯定會受到懲罰，但是怎麼產生的反擊，因為不能想，所以不知道。這才是太極拳說的「打人兩不知」。

大道朝天

　　在論正文之前，我們先正本清源，把道、德、經三個字的本意講清楚，漢字的意義就在有豐富的內涵，我們的古人是不會亂用字，亂起名的，瞭解漢字最初的本意對我們解讀經典，瞭解古人最初的意思，不胡編亂解原文是非常重要的。

　　為了更好的瞭解《道德經》和太極拳的關係，我們還要先講一下萬物的開端──氣。

　　我們知道人體是一小天地，而人是「氣聚而生；氣散而死」，可見氣對人體的重要。人有四氣，元、中、營、衛，天地也是如此。萬物為天地而生，而天地為先天之氣所孕育。在虛靜至空的宇宙無極中，靜極動生，從無到有，古人定名太初，太初者，氣之始也。此時產生的沖虛鴻蒙之氣為天地萬物之始，亦為天地元氣。這個孕育的過程，古人稱為太始（氣為混沌古人稱為太素，混沌再動陰陽兩氣分開為太極）。那麼這靜極而生的鴻蒙之氣是哪裡來的呢？所有的經書都曰「道字虛無生一氣」，所以說天地元氣「道生之」。

　　所有的形、物都是有氣之後而產生的，道是無形無物，也就是說無物可生道，道是萬物之宗，萬物無道而不

能生。

道

道，唯一正確的路。大道出現岔路口叫歧，走上歧路，誤入歧途都是錯的，就不是正確的路。

道還有相通之意，比如康是五條路交匯，莊是六條路交匯，所謂康莊大道，就是說不論你從事什麼修煉，只要是正確的，依本心的，不斷堅持的就一定可以走到正確的大道上來。

德

德，彳，小步走，從直從心。直，堅持。心，人心。德字，從字源上開，由三個組成部分。彳，直，心。堅定不停而聽從本心慢慢的走就是德。行走過程中內心的不斷修行，見過很多未見過的，領悟過很多未瞭解的，然後豁然開朗，大道相通，不管你怎麼走，做什麼，最後都是通往並行於大道之上。

道為根，德為本，萬物合於道，以德附，稱為積德；萬物離道，德去，稱為失德；有德從直從心可養正氣，正氣通道，可持久。失德無可養氣，氣弱則病，氣散則亡。

經

經，經緯，凡織，經靜而緯動。

聖人之言歷萬世而不動。經，代表著聖人已經驗證過的可以透過修行抵達道的言行，古代能叫經的書，少之又

少。

　　道德經三字合起來就是說，行走在這條萬物所宗的大道上，服從內心，一直堅持，並正確理解不可改變的方法。

道　經

第一章　妙不可言

道可道，非常道；名可名，非常名。

無名，天地之始，有名，萬物之母。

故常無欲，以觀其妙，常有欲，以觀其徼。

此兩者，同出而異名，同謂之玄，玄之又玄，眾妙之門。

這一篇為道經的概論，解釋了，道、名、妙、玄的基本概念。

「**道可道，非常道**」道分為大道和天道。大道生無，無生有，有生萬物。大道是萬物之源，是不可改變不可言說的。天道，天道無常的天道，指的是萬物的運行規律，宇宙法則，現在人常把天道誤認為大道，其實還是有一些差別的。這一句的意思是：可以說出來的都不是大道，而是天道或是道理。道理也叫人道，是人根據天道所製造的道，不一定符合自然的常理。

「**名可名，非常名。無名，天地之始，有名，萬物之母。**」無名指先天鴻蒙之氣，孕育天地而無損，無形無

質，永恆不變，為常名。有名，指無中生有，靜極動生，太初之氣有形分上下，生萬物，化陰陽二氣為太極。

這一句的意思是說無名的鴻蒙之氣孕育天地，天地間的陰陽二氣生出萬物。

「故常無欲，以觀其妙，常有欲，以觀其徼。」無欲，人領會到「無」才會無欲，從而體會無的玄妙。無在太極之先，為無極。在虛靜中觸發體內先天之氣與鴻蒙之氣的聯繫，觸發那一線靈機，觀察到體內氣機而解開對自身和宇宙洪荒時的謎團，體驗無物無我的玄妙狀態。

有欲，在太極之後，萬物生生不息，萬物之理通天道。我們修行太極拳時對萬物要觀其象，察其理，格物致知。瞭解內在氣機運行的規律，並與外界如四季、日夜、星辰的運行規律相合，達到天人合一的境界。

「此兩者，同出而異名，同謂之玄，玄之又玄，眾妙之門。」玄，先賢有言：「無形之類，自然之根；作於太始，莫之能先；包含道德，構掩乾坤。」簡單說玄就是萬物未有之前，大道的狀態。眾妙，萬物生生不息。

這一句是說從無到有，有又修煉到無，中間隔著一道門，這就是造化萬物的玄牝之門。這道門是無和有的分界，是道與物的分界。

我們練習太極拳的也可看成虛與實、太極和無極的分界。門裡虛無，真空妙有，能見常人所不能見，明常人所難明。因靜而空，因空而虛，因虛而真，真心而明大道。門外實有，萬物繁華，有生有死，重在修德養性，上明天道，所謂「天道無親，常與善人」。積德厚重，順天而

行。

　　文中以門為界，門外之人是永遠不能瞭解門內的真實情況。太極拳以常有的形體開始修煉，要練至回歸如嬰孩，不丟不頂，呼吸精氣，肌肉若一，把握陰陽之理，才可以入於化萬物之境，入門後有捨而後得，由有入無，回歸至空至虛清淨的大道。

第二章　陰陽有序

　　天下皆知美之為美，斯惡已；皆知善之為善，斯不善已。

　　故有無相生，難易相成，長短相較，高下相傾，音聲相和，前後相隨。

　　是以聖人處無為之事，行不言之教，

　　萬物作焉而不辭，生而不有，為而不恃，功成而弗居。

　　夫唯弗居，是以不去。

　　這一章說的是天道陰陽有序和聖人無為而教。前半段說的是萬事萬物對立統一才符合天道。知道了美是因為有醜來相比較，知道了善是因為有惡來相比較。沒有了對立面另一面也無法存在。

　　我們知道陰陽轉換流動是太極，太極之前是無極，之後是陰陽，太極之氣是天地元氣，它的轉換包含了一切自然規律，如天地、晝夜、男女、水火等，這種對立事物按

照一定的自然規律存在、演變和運行，叫做天道。

有人說太極拳就是陰陽，這是不對的，沒那麼簡單。太極者，陰陽之母也，一個是父親一個是兒子，你要非說兒子就是父親，要練兒子拳，我也管不了。矛盾的對立統一是一切內家拳的指導思想。「形不破體，力不出尖」；「避實擊虛」；「陰不離陽，陽不離陰」等拳理說的都是這個，這個陰陽轉換對立統一的道理就是符合天道的，如果你練的拳違背這個道理，就是錯的。這是太極拳的基本也是最高的要求。

中間一句「**是以聖人處無為之事，行不言之教**」，說的是聖人要做符合天道的事。這裡有兩個重要的概念：

一個是聖人，聖人是幫助天道來教育人們的人，你說是老師、領導、領袖、皇帝都行，一般指通大道的人。我們太極拳來說就是師父，就是有道之士。

另一個是無為，無為是無所不為、無所不成的意思，人道不為而天為之。我們上一章講過天道和人道是不同的，人道是人制定的，不一定符合天道，天道有自己的運行規律，人一旦違反就叫做逆天而行，聖人是天道的助手，是教育傳授大家來遵守這個自然規律的，而不可以制定不符合自然規律的人道，這個就是無為而治。我們教太極拳或內家拳的老師，一定是無為的教學，我們是教符合自然規律的方法。這個規律，天道都規定好了，我們不能自以為是的加入一些亂七八糟的東西。

凡事都是對立統一的，所有人都要無為嗎？當然不是，當我們不是老師而是一位太極拳練習者時就不可以無

為了，因為角色的轉換我們要變成有為，什麼叫有為？依照天性，勤勉努力，小心求證，自強不息，刻苦練習就是有為。這一句給我們太極拳練習者的啟迪就是：做老師的要教符合自然符合天道的拳理，做學生的要遵照師訓，小心求證、努力練習、自強進取。

最後一段「**萬物作焉而不辭，生而不有，為而不恃，功成而弗居。夫唯弗居，是以不去。**」不辭，不說的意思。天地生萬物，天地沒有把萬物據為己有吧？沒有居功自傲吧？那你做個領袖，讓老百姓生活的好，不是應該的嗎？你是老師把學生教好，學生有成就就變成你的功勞了嗎？這都是自然的本分。人們符合自然的生活是天道希望的，學生有了成就也是老師希望的，這才可以生生不息，永恆的流傳下去。

天道的自然有序，聖人才能無為而教，無為而有為，是這一篇的重點。

第三章　虛心實腹

不尚賢，使民不爭；

不貴難得之貨，使民不為盜；

不見可欲，使民心不亂。

是以聖人之治，虛其心，實其腹，弱其志，強其骨。

常使民無知無欲，使夫智者不敢為也。

為無為，則無不治。

　　這一章說的是聖人之治，很多人誤解為老子提倡的無為而治就是愚民政策，讓民無知無欲，這是不瞭解原意而產生的徹底誤讀。

　　文章開始老子提出三個不：不尚賢、不貴難得之貨、不見可欲，這是對聖人的嚴厲警告。

　　不尚賢是不搞個人崇拜，不讓人道凌駕於天道之上；**不貴難得之貨**是不可以玩物喪志，應以德為貴不可以物為貴；**不見可欲**是不要有奇怪的慾望。人正常的慾望如吃飯、睡覺、生育、工作等都是符合天道的，不但不應該限制還應該提倡，而不符合天道的奇怪慾望應該禁止，因為這種慾望最能亂心，心亂則行不正。

　　結合上文我們就瞭解文章後面說的「常使民無知無欲，使夫智者不敢為也。為無為，則無不治」是什麼意思了。無知：不去瞭解所謂賢人的主張。無欲：不去產生奇怪的慾望。無知無欲就讓那些偽專家蒙惑人們的行為無法得逞，慢慢的這種人就不敢再冒出來了。

　　我們瞭解了這一篇以後就很難被那些偽太極大師蠱惑了，因為大師們都有共同的特點。一，個人崇拜；二，要錢不要臉；三，告訴你練了這個會得到不可能的功效。

　　中間一句「**是以聖人之治，虛其心，實其腹，弱其志，強其骨**」，這是要重點講的。

　　聖人治國和我們修煉身心是一回事。聖人尊天道教化萬民，我們練習太極拳順自然養修身心。所以這幾點要求是太極拳的練習根本。

　　虛心：古人說「人心好靜而欲牽之」，「可欲」是可

以牽動人心的慾望。「心」被貪求惑亂便生妄想，永失本心。我們修煉太極拳當抱元守一，常清常靜。這裡的「心」不是五臟六腑的心，而是自身精神系統的總稱，也是本性。

「心」蒙塵則迷失本性，所以明心才能見性。「心」為一身的主宰，太極是天地的主宰，心即太極。如何明心見性？心即氣之虛靈，氣為鴻蒙，鴻蒙之氣無形無狀，所以天性本虛，由清淨自在，知虛便是見性。虛心現在常被解釋成謙虛，這也可以，虛好爭好鬥之心，也是練習內家拳的特點。

實腹：寬胸實腹和空胸實腹是所有內家拳的共同要求，尤其是意拳站樁。固丹田養先天元氣，氣貫帶脈，這些都是空胸實腹的好處，我在《以心悟道練太極》一書中講的很多了，這裡不再重複。

弱其志：看到這一句很多人不明白了，我們從小不是就要有遠大的志向嗎？其實老子的原意是讓人們瞭解天道的博大，感到自身的渺小，從而不會因為自己很聰明，來創造一番道理，脫離天道。老子不是不讓大家學習，而是透過學習來瞭解自然規律，做符合自然規律的事情。

我們和別人推手或技擊時也是這樣，不要一上來就要把對手如何如何，而是要隨敵而動，隨勢而變，這就是太極拳說的捨己從人。

強骨：遵守自然規律的運動，自然可以筋強骨健。自然的根本前面說過是氣，「以心行氣，務令沉著，乃能收斂入骨」，人體的先天之氣是母體中帶來的「元氣」，元

氣需要由空胸實腹來得到鞏固和補充，元氣充足對外則補充衛氣，衛氣足外邪難入。對內補充營氣滋養五臟，強健筋骨。入骨還可深藏氣機，順遂後可以發放自如，便利從心。寫著一段時，剛好有學生來電問什麼是收斂入骨，世事之奇妙可見如是。

第四章　沖而用之

道，沖而用之，或不盈。淵兮，似萬物之宗。

挫其銳，解其紛，和其光，同其塵。

湛兮，似或存。

吾不知誰之子，象帝之先。

「道，沖而用之，或不盈。淵兮，似萬物之宗。」盈，是被物充滿。沖，和盈相對應，是虛無空洞的狀態。沖虛的容器是永遠不會被裝滿的。道生萬物，無窮無盡，生生不息，所以道的虛無是無限的容器，可以不斷創造出萬物而永遠不會被裝滿。淵，打著旋渦的深水。道就像深淵的潭水一樣不斷流動著，旋轉著，湧現著。沖和淵都是用來比喻道的，在《道德經》中常常代指道。

「挫其銳，解其紛，和其光，同其塵。」挫其銳，摧毀鋒芒，這裡的意思是沒有邊界，沖虛之氣是沒有邊界的。解其紛，拋棄紛繁雜亂的事物及意識。和其光，萬物有生有滅，當生機盎然時應合於大道，因為沖虛的大道是萬物的能量來源。同其塵，當萬物消滅時，要回歸自然，

等待下一次的湧現。和光同塵不是世俗的解釋，和誰都一樣，社交變色龍、同流合污。而是守道之明、與道一體，同流而不合汙。

「**湛兮，似或存。**」湛，好像什麼都沒有的清澈透明。我們可以感覺到萬物的樣子，卻感覺不到萬物背後沒有形質，沒有邊界的沖虛之氣，但它卻是無處不在的。

帝，這裡指昊天上帝，也就是老天爺。「**吾不知誰之子，象帝之先。**」這一句的意思是說，老子不知道「道」是什麼時候起源的，大概在上帝之前就存在了。

上帝，現代人都以為是外來宗教的名詞，其實這是華夏自古時祭祀的最高天神。一般典籍中專指掌管天道的昊天上帝。

這一章主要是講空虛的狀態是萬物都可包含的，沖虛是可以用的，不是一般文人解釋的淡泊守理，而是造化萬物，旋轉向前的。

太極拳繼承道的品性，外形不顯稜角，不與對手相爭相頂，內在淵深遼闊，具可包容。太極拳八法中的「掤」就有包容和藏銳的特性。

挫其銳，解其紛，和其光，同其塵。是沖虛大道在以太極拳為載體的具體用法，虛化其鋒銳，無視紛雜的招式，使對手的攻擊被我之包羅萬象的虛無所籠罩，而化於無形。和光同塵不是與世無爭，也不是太極拳的捨己從人，而是隨曲就伸，使對手之力無所持，制敵於無形。

這裡多說幾句，唐朝李道子的《授秘歌》「無形無象，全體透空」，就是依照道的「沖虛無為而不為」的本

性來規範太極拳的。強調個定義,空:不是什麼都沒有,而是什麼都有的沒有。

第五章　守中用中

天地不仁,以萬物為芻狗;聖人不仁,以百姓為芻狗。

天地之間,其猶橐籥乎?

虛而不屈,動而愈出。多言數窮,不如守中。

芻狗:古時祭祀時草紮成的狗。

天地對萬物是造化、摧毀、再造化的循環往復。天地如果親近萬物,以萬物為根本,則難以再產生出萬物。天地無恩,才是大愛。聖人如果以人為根本,與人過於親近,就會有失公允,難免偏私。天地對萬物無恩無親,無愛無恨,萬物才能自然而生,自然而長,再回歸自然。聖人對待所有人都應該沒有分別,無有偏愛。如果只會施小恩,不顧天道自然的規律,就難以做到大公無私。

一個社會如果靠不斷的強調,不斷的教育,說我們是個相互友愛的社會,我為人人,人人為我。這不正是因為喪失了天道的淳樸本性嗎?

太極拳如果不斷強調招式應用的方法,而忽略應物自然的先天本意,那還是太極拳嗎?

橐籥:風箱。

天地就像一個風箱,越是陰陽之氣鼓動,循環往復,

萬物就越多的湧現。人體不就是一個小天地嗎？體內氣機流動，遍佈全身，越是活潑充盈，開合鼓動，內氣越是源源不絕。

「多言數窮，不如守中」，說那麼多廢話幹嘛？太極拳就是如此，你用再多紛雜的言語，複雜的拳理也描繪不出來，與其那樣，還不如中正安舒，虛靜柔順呢。

守中：在拳架中，就是中正。

一套太極拳打的前俯後仰，東倒西歪那肯定是不對的。在應用和太極本源上講，這要分為兩層功夫。初級是身體中線之中。我師父經常說推手「中土不離位」、「尾閭中正」，指的就是這個人體自然之「中」。所謂「上下一條線，全憑兩手轉」，這條線就是人體中線，在推手時，中線是不能被對手觸碰到的。第二層心意之「中」，這個解釋起來就有些麻煩了。道經有言「念頭未起為中」。太極拳對敵時心念需靜，念頭一起，中即有偏。在應對外來之力時，都應不離大道的根本，對內裡要陰陽之氣和順，意不外顯，抱元守一，清淨自然，不生妄念；對外要中正安穩，不偏不倚，形不破體，力不出尖。之後無內無外，神形一體，此為守中之道也。

第六章　大道永存

谷神不死，是謂玄牝，

玄牝之門，是謂天地根。

綿綿若存，用之不勤。

谷神：空谷回音，像是有神。

空谷空空蕩蕩的沒有人，但回聲像是有神靈在回應。空谷是空，神是虛幻，所以谷神就是指大道，「谷神不死」就是大道永存。

「**玄牝之門**」，玄為天，牝為地，玄牝之門就是大道的鴻蒙之氣造化天地的出口。反過來說也是修煉者通往大道的入口。

天地有「玄牝之門」，留下的靈根。人體內也是陰陽之氣創造的小天地，自然也有「玄牝之門」。《性命圭旨》中說：「要得谷神長不死，須憑玄牝立根基。」這是說人體的練習要上應天道，找出屬於人體中的玄牝之門。找到了，還要掌握打開「玄牝之門」的鑰匙才是關鍵。

人體的「玄牝之門」稱為玄關一竅，它不在人體中的任何位置，而在於「一陽初動」。天地造化萬物，待冬至子時，前子時為至陰，正子時為復，後子時為一陽生，稱為一陽來復，此時「玄牝之門」將開，萬物將生未生，就是天地靈根顯現的時候。人體的「玄牝之門」也在於陰極陽生的一陽初動。

太極拳體內在於靜虛、無念來修煉體內靈根，一陽初動的那一點生機便是靈根初現，如能把握這元陽萌動的契機，無論何時都能一陽來復，陰陽循環交替，則體內元氣便會無處不在，連綿不絕，用之不盡，這是太極拳修身養命的根本至理。

因為元氣用之不盡，必然外延，便可應物自然，這就是前面說的沖虛之氣可以為用的原因。

第七章　從心所欲

天長地久。

天地所以能長且久者，

以其不自生，故能長生。

是以聖人後其身而身先，外其身而身存。

非以其無私邪？故能成其私。

　　這一章要講的比較多，從古至今對這一章的解釋是這樣的：天地是永遠都存在的。天地所以能長久，是因為它不是為了自己而生存，所以才永遠都存在。因此，有道的人凡事都讓別人佔先，反而能贏得愛戴；凡事把自身的安危置之度外，生命反而能得以保全。這不正是因為他不自私，反而能夠成就自身嗎？

　　如果按照這種解釋，那太極拳就得出了應敵的一個基本理論，就是捨己從人。捨己從人，出處為《書經‧大禹謨》：「稽於眾，捨己從人。」原意是指放棄自己的意見，服從眾人的主張。

　　太極拳中的捨己從人最早出自王宗岳的《太極拳論》，後人奉為太極拳至理而不斷引用，其大意是順對手的來勢來力，相機而行，不可強逆對手的攻勢，後發制人，人東我東，人西我西，不離不棄，讓人有落空之感。這種感覺其實是太極拳推手的入門功夫，在推手的初級階段，要將自身的僵緊勁化掉，需順對手攻擊的方向和力量的大小，來決定自己的運動的方向和引進的幅度，這種順

從要與對手的方向趨於一致，順其勢，借其力，可達到引進落空的技擊目的。

這個理論在太極拳推手的初期化僵為柔階段和中期鬆沉階段都是正確的。可是到了輕靈階段和技擊時就並不適用了。武式太極拳名家李亦畬先生說：「先以心使身，從人不從己；後身能從心，由己仍是從人。」在太極拳聽勁功夫練至高水準後，就可以透過準確的判斷，在對手的意念開始活動的一瞬間進行有效控制，而不用等到對手做出動作了。意念是指揮動作的源頭，由控制源頭就可以封堵住力源，把對手的力憋死在體內。在對手動意的一瞬間，對手的力源和意圖就暴露出來了，我們可以由控制的方法來堵住對手正在醞釀的明勁。

太極拳的一些拳師常講後發制人，我是同意的，但這是不全面的，「敵不動，我不動，我意在敵先；敵微動，我先動，我意亦在敵先。」意念的強大在於內心的虛空和周身的均整統一，全身服從「心」的指揮，來克敵制勝。所以這時是遵循自己的內心，把自己做好，從心所欲而不是捨己從人。這時還堅持以慢打快，以柔勝強的大師一定戰無不輸。

太極為天地始，所以通大道。我們用太極拳之理反推，就發現捨己從人的理論在太極拳體系裡不是貫穿始終的，這就說明人們對這篇的理解有誤，而且這種解釋明顯與前面的天地無親無愛相違背，老子會犯這種矛盾的錯誤嗎？

「天地所以能長且久者，以其不自生，故能長生。」

其實老子在文中已經告訴我們答案了，就在於不自生。天地是有形的，所以不會永存，但它長久的讓人看不到盡頭，之所以會這樣是因為天地乃虛無的大道造化而成，並遵循大道來造化萬物，陰陽之氣循環往復故能長生。

　　理解了這一句，下一句「**是以聖人後其身而身先，外其身而身存。**」就好明白了，聖人奉行天道，後其身是以天道為先，外其身是不亂做不合於天道的事，這樣身體才能長存。

　　太極拳應該把功夫下到修煉自身內在上，以內在感應順應天道自然。推手也是由知人而到知己，知人容易知己卻難。還是那句話，只要把自己做好，世界就會美妙。

第八章　上善若水

　　上善若水。

　　水善利萬物而不爭，處眾人之所惡，故幾於道。

　　居善地，心善淵，與善仁，言善信，正善治，事善能，動善時。

　　夫唯不爭，故無尤。

　　這一篇比較有名，好多人辦公室、家裡都掛著上善若水的匾額，我還去過一個社區，名字就叫上善若水。可這一篇的原意和上一篇一樣，也為大多數人所誤讀了。

　　上：最高的。這裡指大道、天道，或是奉行天道的有道之士。

善：多數人解釋為善良。於是整篇自然就解釋為上天善良的好像水一樣，有利別人而不與人相爭，對別人都好，甘心處於卑下的地位，臟活累活全包了，有好處的事全給別人，成就別人犧牲自己，於是大家都說這哥們真是個得道的好人呀。現實中會是這樣嗎？如果是這樣聖人也太好做了，得道也太容易了吧？隨便找個性格羸弱，膽子小的，愛吃虧的老實人不就是聖人了？用這個思想來指導太極拳就更奇怪了，天天給人揍就行了唄！結合前面幾篇我們就知道這種解釋一定是不對的。

老子的本意是：大道無形無質，那麼難以描繪，我們該怎麼形容它呢？哎，自然界中的水和道比較像哦！老子以水喻道，說的是道化生萬物，是自然的事，不要用人的性情去理解它，因為道不會和人爭什麼。

之所以這麼理解，是因為水不是人們理解的那樣全是善良的哦。幾千年來水患頻發，人們為了治水前仆後繼。就是現在一個暑假就有多少孩子在水中遇險？我們說水是善良的，就是忘了句俗語叫「水火無情」。

水其實不是全然的只利他，而是按照自然的規律和它的屬性來運行，既不利己也不利他，而萬物又得到它的滋養。道，無親無愛，無形無狀。水，無愛無恨，隨圓就方。天道無常，水無常性。兩者都不爭，而不爭正是人性所惡，所以水幾於道。

人的本性是要積要爭，積是積累，我們民族最愛存錢、存地、買房子。爭是爭名、爭利、爭生存，不爭而唯唯諾諾的人經常被人稱為沒出息，為人所惡。我們太極拳

既然是拳，就也要先有積累，然後爭勝負，作為武術的一種這是無可非議的。可是我們還要明白，太極拳的本質就在於遵守天道的原則。所以隨著積累的功夫越多，在對敵時，就越鎮之以靜，心意逐漸空虛，一旦遇到進攻，便好像「道」靜極而動，大爆炸生出天地一樣，那種爆發力是無可阻擋的。當然，太極拳練到這種境界已經出神入化，悟道而非人了，自然也很少與人爭勝負了。但我們就算沒練到這個境界，大的戰術原則是不變的。

因為我們重新定義了文章裡的「善」，所以下面的解釋和以前大多數人的理解也不一樣了。

居善地：水有趨下之勢，我們常趨於人下，這不叫善地。而是我們最擅長的位置。

在推手和散手中，我們不但要聽敵之勁，還要察自然之勢。比如上午對敵我們儘量不要面向東方，儘量不站在下坡的位置，不站在下風口等等。拳譜說「審察地勢把心明」，就是這個道理。在太極拳練到高深境界時自己會成為自然的一部分，對手也是自然的一部分，當對手妄動時，就與自然產生違和感。我順自然之理，對方違背自然之理，就是我順人背。

心善淵：前面解釋過，淵，深不見底的迴旋之水。老子用淵比喻天道造化萬物。心善淵就是說「心」要像道一樣虛無空曠。太極之心應守「道」之虛靜深遠，不為外界干擾，匯道法自然之理，生造化天地之功，正是我常說的「什麼都有的沒有」。

與善仁：因為心如天道，天道造化萬物，聖人也可造

化蒼生，公而無私。太極拳因為心空而可產生沖虛之氣，我們前面說過「沖而用之」，明白此氣為先天元氣，暢順通達於周身梢節，陰陽有序，養生可助人而不傷己，是為與善仁。

言善信：這裡的信是有可能不信，但也要相信的意思。國家的政策或領導的決定，只要是符合自然規律的，可能因為所處的位置和見識，暫時不理解也要相信。因為天道是很難用人的學識來描述的，我們能做的就是誠。《中庸》裡說：「誠者，天之道也。」領導人誠實的用天道待人，我們就算不理解也相信他。反之，「不誠，必失信於天下」。

太極拳是至誠之拳，誠心誠意的相信不丟不頂的拳理，不受干擾的一心一直不停的堅持，終能走上大道。

正善治：以正道來治理。大道以中為正，太極拳的「中」前面講了很多，這裡不重複了，身形不偏不倚，內心純正一貫為中正。

事善能：以正道觀萬物，聖人無為無不為，應物自然。太極拳抱元守一，於不變應萬變，於無法應有法，此皆先天自然之能。

動善時：該動則動，該靜則靜，這都是遵循自然的道理，不應人為的改變。

太極拳要把握最恰當的動靜之機，一動周身無有不動，一靜周身無有不靜。養生健身時遵守自然的季節、時辰、天氣、心情來制定計劃；技擊時隨勢而動，隨外界而變。開個玩笑比如說：對方人多時，就馬上跑，這也是符

合自然動靜之機的道理啊。

夫唯不爭，故無尤：這一篇寫的有點多，你要是不相信我說的，我也不和你爭論，這樣你也就沒有理由來責備我了吧。

第九章　功成身退

持而盈之，不如其已。

揣而銳之，不可長保。

金玉滿堂，莫之能守。

富貴而驕，自遺其咎。

功成身退，天之道。

這一章老子提出了聖人奉行天道而應該遵守的四大行為準則，同時也是太極拳練習者通往大道須遵守的途徑。這四個行為準則是包容寬廣、柔順平和、流動變化、虛空自然。

「持而盈之，不如其已。」持，秉持。已，終止停止。雖秉持道卻自大自滿，不能包容，這樣下去必然傾覆，不如適可而止。

盈滿是因為不夠寬廣，太極拳近道而為水性，應海納百川相容並蓄。這就是太極拳要走上大道的第一關「寬廣」，比如太極拳和意拳同為內家拳，拳理相近，在最初練習推手時，太極拳推手在細膩程度上要優於意拳推手，而在均整混元上又不及意拳推手。

這就需要我們不斷吸收其他拳種的長處,「擇其善者而從之」。在太極拳鬆沉階段最容易產生自大自滿的情緒,從而難以進步。

因為練到鬆沉功夫會感到這種均整的勁很好用,會四處和人顯擺表演,便捨不得放棄,可沒捨哪有得,只有得到均整放棄鬆沉,才能進入到周身一體的輕靈階段。太極拳八法中的「掤」勁,就有包容的意思,大家可以參考拙作《以心悟道練太極》一書中的談掤論八法一章。

「**揣而銳之,不可長保。**」揣,磨礪捶打。不斷捶打使自己鋒芒畢露,可這是不能長久的。太極拳既不能丟掉水的兇猛一面,更要保持水的柔順平和,太極拳理說的「純陽不久,純陰不守」就是這個道理。

我們來看看這太極拳通往大道的第二個關卡「鬆」。鬆,是練習太極拳的一種最基本的要領。我們給鬆下個定義,就是意氣下沉,筋骨肉有脫離之感,關節筋脈節節拉開,有拉遠放長之意,在保證立身中正的基礎上,找到最省力的,最舒服的感覺。

放鬆不等於軟,所以還需保證虛靈頂勁、脖頸上拔、肩開肘墜、含胸拔背、命門填滿、尾閭中正、腰胯鬆坐,不如此則是軟不是鬆,要鬆而不散,無拘泥懈滯之病。放鬆要以心靜為前提,心靜似水而無雜念。斷念,心才能無拘束暢遊於自然,自然才能神安意定,內在具鬆。

「**金玉滿堂,莫之能守。**」不貴難得之貨,萬物無貴賤是天道。

就是滿房子的奇珍異寶,一旦傾覆還能藏到哪裡去

呢？人都沒了錢還有啥用呢？老子認為萬物應符合天道，天道在於流動，所以天下的財物應不停地流動。有人說太極拳就是陰陽，我說那為啥不叫陰陽拳？之所以稱為太極拳就是不斷流動變化的。

經過了鬆沉階段，我們就要進入張三豐說的「一舉動，周身具要輕靈」的輕靈階段。在這個階段要掌握動靜之機，陰陽轉換不停。

太極拳拳譜說，「虛實宜分清楚，一處有一處虛實，處處總有此一虛一實」。虛實即為太極拳陰陽變化。在中後期的輕靈而均整階段，虛實轉換之間沒有明顯的界限，在很小的範圍內進行，難以讓對手察覺，內含虛實而不外現，方寸之間可隨意轉換。這時如果還守著原來的合勁不放，是一定守不住的。

「**富貴而驕，自遺其咎**。」如果因為做出了一些成就便驕橫狂傲，就會給自己留下禍根。太極拳練到聽意階段，可以說功夫已經非常好了，這時如果天天出去比武傷人，那就一定有禍事出現，我就知道一位太極拳前輩，被人暗算傷殘了。

太極拳最後一關便是虛空自然，放下一切該放下的，捨棄一切該捨棄的，心內無塵，便已近道。

「功成身退，天之道。」說了這麼多，天道和太極拳都是一樣的，都是過由不及。不論修煉太極拳還是天下的萬事萬物都要明白，不可求過於圓滿，物極必反，功成便要思退。可知進容易知退難，不到山重水盡，南牆撞頭，又有多少人願意退呢？

第十章　老子六問

載營魄抱一，能無離乎？

專氣致柔，能嬰兒乎？

滌除玄覽，能無疵乎？

愛民治國，能無為乎？

天門開闔，能無雌乎？

明白四達，能無知乎？

生之、畜之，生而不有，為而不恃，

長而不宰，是謂玄德。

　　在老子眼裡修一己之身和治理一國是一樣的，都應該順從天道自然才能長久。老子在本章連續提出六個問題，問題的前半句就是答案，由問中有答的方式來講明修身治國的方法和過程。

　　「**載營魄抱一，能無離乎？**」營魄，就是魂魄。魂為精神主宰，魄為形體精氣。「一」指天地未開，太極動生未變陰陽之前。這句話是說精神形體應相抱合一不可分離。魂離體就沒有依靠，古人叫游魂；身體離魂就失去主宰。天下萬物是遵循天道，自然存在的，天生就是統一的。而人卻對周圍的事物有自己的評判標準，慢慢的便以自己的喜好來改造周圍的世界，這便是以人道變天道，當其他人和世界不喜歡這個評判標準時，人就會產生煩惱和痛苦。當這種改變不符合自然規律造成不可挽回的損失時，人又會懊悔。這些情緒都會讓魂魄分離。

　　同樣，在養生中這些情緒也會影響身心健康，阻礙功夫的進步。其實不止太極拳，很多中華傳統武術和修煉功法都把神形統一做為高級境界。「心」從道，心之令要由身體來實行，身要得令即行，準確無誤。身心高度統一才是「抱一無離」。

　　「**專氣致柔，能嬰兒乎？**」嬰兒，即赤子。抱一無離是養氣的先決條件。抱一無離才可得大道的沖虛精氣，從而保持赤子的天真本性。人沒氣就要死，人身元氣補充營衛二氣，營衛二氣遍體運行，負責把能量輸送到全身，滋養每一個細胞。

　　嬰兒至柔，周身沒有僵緊處，如果我們可以像嬰兒一樣，保持周身的鬆柔，沒有雜念，專心抱守著先天元氣，煉化精氣，這樣才順應天道，重見如赤子般的自然本性。明心見性則離道不遠。

　　「**滌除玄覽，能無疵乎？**」滌除，洗滌除去心上的灰塵。這裡很多人解釋成去除欲念，這應該是不正確的。玄，前面解釋過，就是萬物未有之前，大道的狀態。玄覽，就是用道的視角來看萬物。用太極拳健身修心來理解，就是內觀本心、外觀身形，用沒蒙塵的赤子之心來要求自己。

　　「**愛民治國，能無為乎？**」以無為人道來奉行天道的有為，遵循自然規律是老子思想的核心。治國之道，民為國之本，民安則國順，大道至真至純，國待民以真，民回報國以純。養生之道，民代表精，國代表氣。精為氣之本，精安則氣足。煉精化氣，練氣還虛，回歸自然。

無論拳架或是站樁，都應該以無為而行有為，不能自作聰明的亂來。

「**天門開闔，能無雌乎？**」天門即為玄牝之門。我們如何打開通往大道的玄牝之門呢？牝，雌也。這裡的雌不但代指大道，也有至陰的意思。這句話直譯就是：掌握開啟通往大道的玄牝之門的關鍵，就得到了大道嗎？前面的就是答案，抱一無離、返璞歸真、明見本心、自然無為做到這些就可見大道了。

人體上也有一個天門，在頭頂百會穴處，有的老師說我們要練到純陽之體，就叫做無雌，天門就會自然開闔。我看了會笑死，自然之理，陰陽相濟，在人體上還有一個地門，在會陰穴，是人體至陰處。當精氣在體內運行無阻後，上下門戶貫通一氣，才能三才合一，得見大道。

「**明白四達，能無知乎？**」上通大道後，以道看待事物，萬事萬物便可通曉明白。因為明白四達，不會被蒙蔽，所以不會扭曲的理解道理。

太極拳的很多經典理論都是前輩們的心血結晶，可那就一定是全部正確嗎？一層功夫一層理，很多拳理只代表前輩對這一層功夫的認知，練習者要明辨正解，必要通達大道才能不為歧途所誤。

「**生之、畜之，生而不有，為而不恃，長而不宰，是謂玄德。**」透過六問，老子提出通達大道的德，也就是最高道德的標準。天地生化萬物，養育萬物，而不據為己有；產生雨露潤澤萬物而不居功；以無為而有為，任萬物自然的生長而不亂來。天的德是這樣，聖人對自己的要求

也應該是一樣的。

太極拳的明師經由六問的道理，達到明心通達，虛空化境後，便可不自是、不自功、不自持，也就是玄德。

第十一章　以無為用

三十輻共一轂，當其無，有車之用。

埏埴以為器，當其無，有器之用。

鑿戶牖以為室，當其無，有室之用。

故有之以為利，無之以為用。

前面我們講過沖而用之，這篇老子用具體的器物來進一步說明空是可以用的。

「**三十輻共一轂，當其無，有車之用。**」轂，車輪中間的洞。三十根輻條可以插進輪轂，是因為輪轂上有可以安插輻條的空洞，車才能使用。

「**埏埴以為器，當其無，有器之用。**」水和泥做成的陶器，正因為中間是空的，所以才可以用來盛放東西。

「**鑿戶牖以為室，當其無，有室之用。**」用木頭來建造房子，房子中間是空的，人才能居住。

製造的器物都是有形的，也就「有」，這叫有物之利。而體現它們自身價值的卻是無形的空間，也就是「無」。有和無的關係，就是「利」和「用」的關係。有了「無」才有器之用。

從太極拳來講利和用的關係是相輔相成的，打拳、推

手、站樁等外在功夫就是利。而有「實」就有「虛」，有陰就有陽，我們修煉太極拳是要以無為本，以有為末，崇本而舉末。這是因為，人體是處在有的層面的，只有守住其大道的虛無，才能更利於有。反之，過於注重外形動作上的好看規範，便是以有為本，會加速向什麼都沒有前進。

我們說「道」是什麼都有的沒有，輪轂可以放進三十根輻條，是因為有那麼大的空間，如果沒有那麼大的空間，輪轂也就沒用了。所以以外形為本只能加速外形的消失。以內心的空來用身形的實，用道的虛無來用外形的利，這才符合太極拳的虛實辯證法。

第十二章　去彼取此

五色令人目盲，五音令人耳聾，五味令人口爽，
馳騁畋獵令人心發狂，難得之貨令人行妨。
是以聖人為腹不為目，故去彼取此。

五色，本意為青、赤、白、黑、黃五正色，這裡指萬物的形狀外觀。**五音**，本意為宮、商、角、徵、羽古代音律，這裡指聽覺上的感官享受。**五味**，本意為酸、甜、苦辣、鹹這裡指味覺的感官享受。歷史上對此章在具體解釋時，有兩種截然不同的意見。

一種意見說，老子從反對統治階級腐朽生活出發，得出一般結論，即反對一切聲色，否定發展文化。持此觀點

的人認為，老子所謂「為腹不為目」的說法，是把物質生活和精神文明對立起來，是他的愚民思想的一種表現，即只要給人們溫飽的生活就可以了，是徹底的文化否定論。

另一種意見認為，老子所說的「五色」、「五聲」、「五味」、圍獵之樂、難得之貨，並非都是精神文明，所以不存在把物質生活與精神文明對立起來的問題，只是從中反映了貴族糜爛生活那令人目盲、令人耳聾、令人心發狂的腐朽文化。

這兩種意見截然相反，卻都是不正確的。我只能說得出這兩種結論的人都不明天道，不理解老子的真意。

沉迷於事物的外貌景色，就會讓眼睛被萬物的「有」蒙蔽，而不見大道的虛無本性；沉迷於聽覺上的享受就會聽不到自然界的天籟；沉迷於美食帶來的刺激，就會讓人味覺麻痺，體會不到自然的恬淡甘冽；沉迷於玩樂，就會讓精氣外泄，內心難以守一虛無，就會亂而發狂。如果一直這樣，就會把心思用在珍貴華麗的物品上，而貴物輕道，離道越來越遠。

「**是以聖人為腹不為目，故去彼取此。**」這一句是理解這篇文章的關鍵。腹，我認為是內心本性，也就是自然。目，這裡應該指外在的事物。杜絕外界的干擾，堅持自然虛無的練習，不斷審視自己的內心本性，去外存內才是太極拳的正道。

腹在易學中為坤，坤主陰柔順隨，厚德載物。練習空胸實腹可納氣藏精。腹內鬆柔，元氣才能滕然充實而流行周身。

第十三章　寵辱若驚

> 寵辱若驚，貴大患若身。
> 何謂寵辱若驚？寵為下，得之若驚，失之若驚，
> 是謂寵辱若驚。
> 何謂貴大患若身？吾所以有大患者，為吾有身，
> 及吾無身，吾有何患！
> 故貴以身為天下，若可寄天下；
> 愛以身為天下，若可托天下。

　　老子在本章主要討論了兩個問題：一是「寵辱若驚」，一是「貴大患若身」。什麼叫「**寵辱若驚**」呢？天道在上，循環虛空，無物可得，無物可失。所以老子說「**寵為下**」，是指積物為喜的行為，對照天道而言便是下。得到寵愛會感到心驚不安，失去寵愛也會驚恐萬分，以外在感受干擾心神，害怕失去，這不符合自然修行。

　　什麼叫作「**貴大患若身**」？之所以擔心會有禍患，是因為過於看重身體或身外之物，倘若沒有了軀體和物品，還會有什麼好擔心的呢？

　　老子的忘身理論對我們內家拳養身方法具有導向的作用。就站樁來說，重要一步就是忘記自己在站樁。我經常和學員說：「不管你站兩分鐘還是二十分鐘，都要忘記站樁。」忘記站樁就是不執著己身，才能放鬆和便於入靜。忘掉了身形，不以形體為根本，才能更好的注重內在的養氣功夫。《化書》中說：「忘形以養氣，忘氣以養神，忘神

以養虛，虛實相同是謂大同。」前面的章節我們講過人體是處在「有」的層面的，只有守住其大道的虛無，才能更利於「有」。反之，就注重外形動作上的好看規範，便是以有為本，會加速向什麼都沒有前進。這裡也是同樣的道理，只有忘身修心，身反而才可常存，這就是道家養生的辯證道理。

現代人解讀《道德經》喜歡每一篇獨立拿出來理解，這就是經常造成誤讀的原因。其實《道德經》每一篇都是承接上文的，在這一篇裡，老子繼續強調了去外存內，奉天道去可欲的重要性。

有多重要呢？老子說：「**故貴以身為天下，若可寄天下。**」忘記身體，就能以身合道，身心合一就是天人合一，這才是真正的貴自己的身體。

這樣還沒完呢，老子接著又說：「**愛以身為天下，若可托天下。**」上一句用「貴」和「寄」，這一句用「愛」和「托」。愛比貴進了一步，貴身是遵從內心自然，為腹不為目，做到這樣是可以寄希望於他，就是聖人了啊，天下都可以寄放在他那試試了。愛身是不以外在得失為患，寵辱若驚，完全是自然的一部分了，做到這個地步，天下都可以託付給他了，因為這就是大道本身。

第十四章　執古之道

視之不見名曰夷，聽之不聞名曰希，搏之不得名曰微。

此三者不可致詰，故混而為一。

其上不皦，其下不昧。

繩繩不可名，復歸於無物，

是謂無狀之狀，無物之象。是謂惚恍。

迎之不見其首，隨之不見其後。

執古之道，以御今之有，能知古始，是謂道紀。

前面幾章講了道的虛空和柔弱，老子把道比喻成山谷和水，是讓人瞭解道的本性。本章著重描述道體，並講了運用道的規律。道，是無形無狀，因此是看不見、聽不見、摸不著的。「夷」「希」「微」三者根本無法進行感官上的體驗，是因為人類身體的感官都是為了感知萬物而生成的。既然感知不到，所以就無法用語言描述它的屬性，只能混而為一。雖然身體感官感知不到，可天地未開，陰陽未分時那種鴻蒙之氣，對離形去體、以心通道的人，恍惚間可以感知到它的無處不在。如能感知到它的虛無縹緲而又無邊無際，就可以人道合一，人道合一就是「迎之不見其首，隨之不見其後」。

「**執古之道，以御今之有**」，古之道就是孕育天地的元氣——鴻蒙之氣，也就是無極。今之有就是天地所創的萬物，包括人的身體。用無極來駕馭天下萬物，就可以解除萬物造成的障礙，瞭解萬物的本性。知道了這個道理，就會知道萬物自然循環的規律，也就是太極。

前面幾章一再強調太極拳最高的境界就是「無」，要把有形的東西都練沒有，化有形為無物。在練習的過程中

由鬆靜等過程，慢慢感覺到無物之物，也就是包羅萬象的似有非有，沒有還有的狀態。體會到了空無，還要以沖虛御萬物才行。怎麼御呢？

老子說：「迎之不見其首，隨之不見其後。」太極拳就是用這種法則來解決實戰應用的。我在《以心悟道練太極》一書中提到了接與應在推手中的問題，今天講講散手的迎，散手和推手在迎擊的用法上完全不同。

太極拳散手時，很多練習者因為推手的習慣問題，老是想去控制對手的手臂，去找對手的手，這就造成了意出尖，意頂形必滯，反應一定慢。

迎之不見其首，是說對手感覺我有，其實我沒有，也就是給對手可以打的假象了，對手意念一緊，我就感知到了，這時就變假有為真無，對手意念落空，我就可以打了。隨之不見其後，對手想追著我打，卻不見我的身形，被打了卻感覺不到我的移動。是不是挺繞？這就是太極拳本體似有還無的無為而用。

看不明白不要緊，我加一段太極拳散手的戰術原則，和上面的話一對照，說不定就明白了。太極拳的散手戰術三原則是：（一）我心不動，隨機而行。（二）控勁斷意，後發先至。（三）守中用中，控勢追擊。

這裡只講第一條我心不動，隨機而行，實戰中，在對手心裡想要打，信號還沒傳遞到肢體的時候，練太極拳的心就應該感應到對手的意動了，並能做出正確的判斷，肢體下意識的就要做出控制對手的動作了，所以太極拳散手中，外面看到的經常是練太極拳的反到先出手。對手先動

的是意，而我心靜則聽勁靈敏，意凝則控意，體鬆則變速，所以後發卻能先至。

太極拳在遇敵時，要「示之以弱，逞之以強」。在形體外觀上，要呆若木雞，給對手造成輕視感，一旦得機，迅雷不及掩耳，將敵重創，失去繼續搏鬥的能力。執古之道以御今之有，正是太極拳技擊之道。

第十五章　微妙玄通

古之善為士者，微妙玄通，深不可識。

夫唯不可識，故強為之容。

豫兮，若冬涉川；猶兮，若畏四鄰；儼兮，其若客；渙兮，若冰之將釋；敦兮，其若樸；曠兮，其若谷；混兮，其若濁。

孰能濁以靜之徐清？孰能安以久動之徐生？

保此道者不欲盈。

夫唯不盈，故能蔽不新成。

上一章講人透過修煉是可以通悟大道，進而與道相合不分彼此。這一章講悟道的人有什麼具體特徵。

第一句「**古之善為士者，微妙玄通，深不可識**」，有的版本是「古之善為道者」，都一樣，上古時遵道者為士，不衝突。微，沒形狀，看不到摸不著，上一章說：「搏之不得名曰微。」妙和玄前面都解釋過。通，與道合而為一。通道的人，深不可識，他們的行為讓普通人無法

理解，感到莫名其妙。

「**夫唯不可識，故強為之容。**」正因為得道的人深不可測無法瞭解，所以只好勉為其難的形容一下。

「**豫焉，若冬涉川；猶兮，若畏四鄰；儼兮，其若客；渙兮，若冰之將釋；敦兮，其若樸；曠兮，其若谷；混兮，其若濁。**」冬天過冰河很危險，你不知道他在河邊想什麼；好像怕周圍的鄰居，不和他們親近，鄰居都難看見他；他就像一個普通賓客，恭敬有禮不露聲色；他舉止灑脫，好像冰塊緩緩消融一樣，看不出性格特點；他很敦厚，就像沒有加工過的原木，不知端倪；他的胸懷寬廣的像山谷一樣，沒有邊際；他和大道渾然一體，讓人難以分辨。

好了讓我們總結一下得道之人的行為特點，「豫焉，若冬涉川」說的是心意難明，不知道他是在猶豫還是在想什麼，不理解。「猶兮，若畏四鄰」是行跡難查，他和普通人的行動軌跡時間都不一樣。「儼兮，其若客」是不輕易發表自己的看法，從臉上和行為上看不出有什麼不同。難以察言觀色，實際上他是沒什麼世俗的喜怒。「渙兮，若冰之將釋」舉止灑脫，不看重小節。「敦兮，其若樸」是說他的心智就像小孩，沒有什麼心機。「曠兮，其若谷」是說心胸開闊，從來不發脾氣不生氣。「混兮，其若濁」說的是他和大道合為一體，實在分不清他是有道之士還是天生的傻子。

「**孰能濁以靜之徐清？孰能安以久動之徐生？**」誰能人道合一，並能靜守本心的清明本性呢？誰能長久安定無

極而生太極讓自然造化生生不息呢？

「**保此道者不欲盈**」。只有悟道的人。這樣的人不會裝滿表面的技術技巧，而是保守內心沖虛無物。我們以武通道者，應謹記，別把技巧裝的太滿，這樣會傾覆會自滿。

「**夫唯不盈，故能蔽不新成**」。修煉時不能本末倒置，不能太看重外形技巧，要固守本心若道，才能不被好看的物像所蒙蔽，這樣就不會創造出新的，不符合原理的技巧去蒙蔽別人。

用這段話對比一下現在的太極拳大師吧。

第十六章　致虛守靜

致虛極，守靜篤。

萬物並作，吾以觀複。

夫物芸芸，各復歸其根。

歸根曰靜，是曰復命。

復命曰常，知常曰明，不知常，妄作，凶。

知常容，容乃公，公乃王，王乃天，天乃道，

道乃久，沒身不殆。

上一篇講人道合一後，悟道人的深不可測，以及如何守道。這一篇緊接上文講「道」的要旨。

「致虛極，守靜篤」就是老子對修煉者提出的要求。南懷瑾先生稱為六字真言：「這六字，已經把所有修道做

功夫的方法，與修煉的境界、層次，都說完了。世界上各宗各派，各式各樣的修煉方式，都是為了達到這個目的。」這麼重要的六個字，我們來看看是什麼意思，對我們太極拳悟道有什麼啟迪。

「**致虛極，守靜篤。**」致，這裡尊古意，為委身。「致虛極」即將自我置於靜寂無極的虛空中。這是站樁和太極拳歸於無極中的一種狀態，非到一定程度的練習者是很難理解這句話的真諦的。

「虛而無形謂之道」，虛極就是悟道。悟道者身心融於太虛之中，達到了物我兩忘的狀態。聽起來容易，可要怎麼做才能致虛極呢？我們太極拳最根本的功夫就是「聽」，我們就從聽上來下工夫吧。練習推手是要先練習知人功夫，然後由知人而知己，知己功夫後可知順逆，這時開始聽意，意不出尖則聽心，心不動則念不生，這時開始以心聽氣，這時的氣不是衛氣、元氣，而是沖虛之氣，感受到這個氣，就是道了。

「守靜篤」就是前面講過的抱一無離。大道之中，靜是常態，動是變化，動最終必歸於靜。所以，守定常道，萬物雖紛紛擾擾，只須以虛含有，以靜待動，就不會隨著事物的變化而茫然不知所措。可是如何守靜篤呢？

從太極拳來講「中正」是守靜之本。中，在前面解釋「不如守中」時，講了很多了，這裡聊聊正。正不但是站樁、拳架、推手、散手時的身形要正，還要由外及內，做到心正。也就是不為對手或外界的引誘而生出歧念。心裡總是胡思亂想，還靜什麼。心正了，氣就不會走歪，所以

心正則氣正。氣流通周身，這時周身才能正。氣不正，你站的外形越中正，動作就越不順、越不舒服。換句說法，只有心正、氣正之後，身體和行為才是中正。中正而不亂，然後才能靜下來。莊子曰：「胸中則正，正則靜，靜則明，明則虛，虛則無為無不為也。」就是這個道理。

練習太極拳的本質，就是要達到虛的極致和虔誠地守住靜。

第十七章　自然為師

太上，下知有之。

其次，親而譽之。其次，畏之。其次，侮之。

信不足焉，有不信焉。

悠兮其貴言。功成事遂，百姓皆謂我自然。

上一篇講大道的要旨，這一篇講奉道、教人該怎麼做。

老子把負責教化天下的人，分為四個層次，我們是練武術的，我們不分領導人和企業家的層次，就來探討著把武術老師分為四個層次好了。

和這一篇文章順序相反，我們從後往前說。第一層次的老師是怎麼教學生呢？本身沒練過多長時間，半瓶水的功夫，還不喜歡教拳，也不耐煩講解，就是為了收錢賺學費。天長日久，學生也就明白了，不但不和你學了，還會互相說你壞話，背後罵你，然後到處宣傳你不是個好老

師。學生覺得被忽悠了，名聲也就壞了，要嘛改行，要嘛換個地，繼續忽悠。公園裡這樣的太極拳老師可多了，你會發現到最後，這樣的老師和學員都是不歡而散。

第二個層次好一點。本事不小，脾氣更大。教徒弟就是罵。這還算好的，還有打人的。我以前知道有位前輩功夫很好，就介紹了個香港拳友去學習，後來拳友和我說，交了學費，功夫還沒學到多少，動作稍有不對就會挨打挨罵，不學了。老師嚴厲要求是好事，但讓學生畏懼，有問題不敢交流，避之不及，這也不是為師之道。

第三個層次就是對學生特別親，技術也好，教學也認真，學生也到處稱讚替他宣傳。師徒親近到去師父家和回自己家沒什麼兩樣。這樣的老師應該算最好的了吧？老子認為還不算。

最好的老師應該是秉持自然之道，因人施教，甚至是不言而教，自然引導使學員不知不覺就有功夫上身了。然後功成身退，讓學員覺得，可以練成都是自己用功有天賦，是自然而然的事。學員越相信道，離道就越近，明道不知師，讓學生上道，才是真正的好老師。

「**信不足焉，有不信焉**」。人言為信，老師應秉持自然天道，天道無言，所以老師應無言而教。

「**悠兮其貴言**」就是要聽老師的話。這裡和上文好像互相矛盾，容易誤解，多解釋幾句。你不是剛說不言而教嗎？不言而教的意思，不是不說話，是不說廢話，不說讓學生產生異議的話。老子在《道德經》裡的「貴言」都是指天道之理，不是廢話。

第十八章　大偽似善

大道廢，有仁義；
慧智出，有大偽；
六親不和，有孝慈；
國家昏亂，有忠臣。

「**大道廢，有仁義**」，比較好理解，大道被拋棄了，才彰顯出仁義的可貴。太極拳發展到今天，可以說是該打假了。大師騙子太多了，基本上不去瞭解探討太極拳的拳理和應用，自學了幾天就去教學了，這時就顯得有真功夫老師的難得和可貴。其實這是不正常的，所有練習者都應該遵循太極拳的自然之道，明白太極拳真正的用法才對啊，不能大多數人都是不對的。

「**慧智出，有大偽**」，因為不順應自然的變化規律，人的智巧出現了，才會產生虛偽狡詐。這句話有點不容易理解，我解釋一下：「比如說，人們不按照自然規律生活、生產，就會破壞環境，污染環境，怎麼辦呢？就要想辦法治理改善環境，想辦法就是人的智慧，這時一定有人會說：我們不能破壞環境，一定要把環境治理好。好笑吧，你沒破壞還要治理嗎？這就是虛偽。」老子的意思就是，一旦這種小聰明出現，就一定有大偽。

太極拳和武術界也是這樣，改變規則、或是新編套路，天天說創新才能發展。領導，我們不是搞科研的，我們的拳理都在那了，你非用搞體操搞科技的那套，這還是

武術嗎？比如為了挽救中醫，非要搞個中西醫結合，兩個
理論體系能往一塊安嗎？把中醫快玩死了吧。

「**六親不和，有孝慈**」，父母疼愛自己的孩子，孩子
孝順自己的父母，這不是人的天性嗎？這樣的天倫秩序還
要去宣傳、引導，不斷強調，這個肯定是不正常的。

「**國家昏亂，有忠臣**」，老子認為在天道自然的情況
下，百姓都自然的生活，怎麼會有可能昏亂呢？國家安
定，遵從自然，大臣對國家忠信，不應該是自然的事嗎？
上面這些事情都應該是自然的，根本不需要特別強調。

老子在這一章是說明，不行大道的後果，並不是通常
人們解讀的，是在強調辯證思維。

第十九章　見素抱樸

> 絕聖棄智，民利百倍；
> 絕仁棄義，民復孝慈；
> 絕巧棄利，盜賊無有。
> 此三者，以為文不足。
> 故令有所屬，見素抱樸，少私寡欲。

上一篇講如果天下失道會出現的情況。這一章繼續講
出現了這種情況應該怎麼辦。

「**絕聖棄智，民利百倍**」，不靠小聰明，不盲目崇
拜，自自然然的生活就是恢復天道秩序。

「**絕仁棄義，民復孝慈**」，禁絕那些滿口仁義道德的

人來教導別人，沒有這些教導之前，難道人們就不會生活了嗎？難道就不會和親人好好相處了嗎？人依自然而生活，就可以恢復淳樸的天性。

「**絕巧棄利，盜賊無有**」，天下機巧叢生，人們才會去追求更花哨的機巧和私利。如果禁絕，人們就會重新與自然融為一體。

「**見素抱樸**」是這一章的關鍵。樸素，「素」是沒有染色的絲，「樸」是沒有雕琢的原木。莊子曰：「同乎無知，其德不離；同乎無欲，是為樸素。」什麼意思呢？簡單來說，回歸自己的先天本性就是見素，抱一無離就是抱樸。

太極拳的「見素抱樸」，怎麼理解呢？太極拳入門後大概分成守中、入靜、忘我三個階段。太極拳在輕靈順遂後，不論推手還是站樁，雖應意在身外感應外界的變化，應變化而微動。更應該要收視而聽內，守體中宇宙，中內藏一，所以守中就是守一，一為無極的變數，就是一陽初動，太極之氣升騰。

入靜，我們追求太極空無的境界，但在思想上卻什麼都不追求，一追求就執著了，思想上就緊了。入靜就是在思想上就要什麼都沒有。不在意，不生念，這時連守中那一點念頭也要放棄了。入靜在修煉過程中非常重要，也非常難，如果可以真的入靜，就離道不遠了。忘我，莊子說：「忘乎物，忘乎天，其名為忘己，忘己之人，是之謂入於天。」能夠忘掉萬物，忘掉天地間的一切，也就是忘掉自己，這樣的人，就和天地自然融為一體了。

意拳站椿、太極拳推手最後都要物我兩忘，離形去
知，體內自然的元氣就會和天地的元氣相融。對於養生來
講，可以解除煩惱，釋放精神；對於技擊來說，就是進入
了「打人兩不知」的境界。

第二十章　絕學無憂

> 絕學無憂。
> 唯之與阿，相去幾何？
> 善之與惡，相去若何？
> 人之所畏，不可不畏。荒兮其未央哉！
> 眾人熙熙，如享太牢，如春登臺。我獨泊兮，其未兆。
> 如嬰兒之未孩。
> 儽儽兮，若無所歸。
> 眾人皆有餘，而我獨若遺，我愚人之心也哉，沌沌兮！
> 俗人昭昭，我獨昏昏；俗人察察，我獨悶悶。
> 澹兮其若海，飂兮若無止。
> 眾人皆有以，而我獨頑似鄙。
> 我獨異於人，而貴食母。

上一章講走上歧路如何重返大道，這一章緊接上一章
講如果天下都已失道，那在現實中，作為得道的人會怎麼
做。

「**絕學無憂**」這一句爭議最大，連這一句到底是上一
章的尾句，還是這一章的首句都有爭議，我查了一下，

主要用三種解釋：第一種認為，「絕學無憂」指讓百姓不學習就沒有憂慮了，宣導的是愚民思想和政策。第二種意見認為，「絕學無憂」是指自己拋棄學問，免去權慾的誘惑，作到無憂無患。還有一種意見認為，老子所說的「絕」，其實就是絕招的「絕」，是指至深、獨到的學問，老子認為只有取得不同於世俗的獨到學問，才能獲得對私慾無所衝動的自由。

第一種的流傳最廣，說明誤讀的人很多。《道德經》要想讀懂，一是要聯繫上下文，不能每篇獨立拿出來理解。二是要有修天道的體悟，不然很多詞搞不明白。這三種解釋其實都是從字面意思入手。我們聯繫前面幾篇，就明白老子的意思，不是不讓人學習，而是摒棄偽學，明辨大道。所以「絕學無憂」本意應該是去偽存真，回歸自然的無憂無慮。讀懂了這一句就明白了，太極拳也沒什麼絕招絕學，不過是直面本心，自然而已。

因為本篇講天下失道後，明道的人應該怎麼做，所以我逐句解釋一下，對我們修煉太極拳和大成拳養生都是有好處的。解釋的和別人不一樣沒關係，大道朝天嘛。

「唯之與阿，相去幾何？善之與惡，相去若何？人之所畏，不可不畏。荒兮其未央哉！」人本身沒有尊卑貴賤的分別，在天道看來，人都是一樣的，只是因為體力和能力來自然分工，比如男的體力好，就自然的負責出去工作，女的心細就在家相夫教子。有人能力強，就做首領，有人能力弱就幫助首領。並不是男人就比女人高尚，首領就比普通人尊貴，尊卑貴賤社會等級都是儒學宣導的，華

夏上古時期不是這樣的。人為的分辨善和惡，也是不對的，規矩是你定的，然後你說什麼是善，什麼是惡，憑什麼？央，指中正。未央，就是天下失道，前面講過中正是道的根本要求。出現了尊卑貴賤，出現了人為的善惡評判標準，人們因為畏懼而去認可尊卑，遵守這個善惡的評價標準，這就是天道荒廢。天道荒廢最可怕的地方是，我們知道天道自然是循環往復的，自然不循環了，去而不返，那麼世界就有盡頭了。

「眾人熙熙，如享太牢，如春登臺。我獨泊兮，其未兆，如嬰兒之未孩。儽儽兮，若無所歸。」你們熱熱鬧鬧的祭祀你們的，反正你們也只是表面上的功夫。我還是守著我的本心本性，好像初生的嬰兒一樣。雖然天下廢道，無處可傳道，但也要獨立於世間。

就像有的人學到一點拳術，就沾沾自喜，好像天下無敵了。越是這樣的人越是表面化的。因為真正的練習者都深知武道的博大深邃，越是精進越要堅守本心，何必與人做無謂的爭執呢？

「眾人皆有餘，而我獨若遺，我愚人之心也哉，沌沌兮！俗人昭昭，我獨昏昏；俗人察察，我獨悶悶。澹兮其若海，飂兮若無止。」世俗人因為我的行為和他們不一樣，以為我是蠢人，愚人。我遇不到同道者，但我還是會獨守大道，與道合而為一的。因為與道相合，就自然深不可測，世俗人看不懂我也是自然的事。

雖然有的武術老師沒學多久，很快開始教拳、作秀，就成名，成大師了，有了名利地位，有了滿門的弟子，好

像所有武功都會，滿的都要流出來了。而我們練習了好多
年，還是感覺太極拳的博大，在這個時候不可同流，還是
要相信我們練習的才是對的。因為我們練習的拳深不可
測，這些大師不明白這些拳理也是正常的。

「**眾人皆有以，而我獨頑似鄙。我獨異於人，而貴食
母。**」母，這裡指大道。大家都精明有本領，唯獨我顯得
那麼愚笨。唯獨與別人不一樣的，是在於得到了大道的滋
養，保住了自己本性。

第二十一章　惟道是從

　孔德之容，惟道是從。
　道之為物，惟恍惟惚。
　惚兮恍兮，其中有象；
　恍兮惚兮，其中有物。
　窈兮冥兮，其中有精；
　其精甚真，其中有信。
　自古及今，其名不去，以閱眾甫。
　吾何以知眾甫之狀哉？以此。

這一章第一句是中心，後面的都是講道象。來看第一
句「**孔德之容，惟道是從**」，孔德，描繪玄德的廣大。
孔，通的意思。容，包容。大多數人都把容解釋成德的形
狀，外貌。不是這樣的啊，是無所不容的意思。老子是在
講玄德之所以能通曉萬物，能包容萬物，都是因為遵從道

的法則。道本身是無形的，必須透過物的媒介，而得以顯現它的功能。這種萬物的本性，相對於道來說，就是恍惚中好像可以看到，這就是德。道產生了萬事萬物，而且內在於萬事萬物，在一切事物中表現它的屬性，也就是表現了它的德。通大道的人是如何通曉天下萬物的本性呢？從古至今，循環往復的觀察萬物的規律，從中發現自然的規律，明白道的規律，就是玄德。

德是道的體現，也是標準，那什麼是太極拳的標準呢？什麼是貫穿整個太極拳各個階段的技術體現呢？我認為只有一個，就是不丟不頂。

不丟不頂首見《打手歌》，之後在各種太極拳書籍和大師們的解釋，大多是隨對手所動，也就是要做到捨己從人，《打手歌》中也將「沾連黏隨」做為修煉「不丟不頂」的四大關鍵。但我覺得這種解釋還是比較片面的，並沒有完全抓住太極拳乃至內家拳的修煉要義。

太極拳是修煉人與自然和諧的關係，不但要與自然互動還要融入自然，渾然一體，天人合一。不丟是為了自身不散，不散便要求整，周身一家，在勁階段整體運動，在氣階段周身相隨，在意階段意氣勁內外相合，一舉動周身俱要輕靈，一動，周身無有不動，一靜，周身無有不靜，形意拳一步一樁，整體運動、八卦掌進退隨心，仍是周身整體。所以說不丟即為不丟自身，不丟即是整。不頂更是符合自然之理，如水流動，隨圓就方，不與自然相爭，不與萬物相抗。

太極拳一切從本心出發，不丟不頂也要從自己的身心

來找到練習的訣竅。所謂不丟不頂就是在整的基礎上，不但不和外在自然環境頂，也不能和自己頂。

不和天地萬物頂，而是一切溶於自然，自身變成自然的一部分，借力借氣為我所用。在推手或實戰時，要知道對手也是外在環境的一部分，自然也就不與之相抗了，而是順其來力，當心有所感，對手與周邊環境出現相頂相爭或不均整時，便會自然發出反應。說的明白點，這時是可以借到自然力量的。

自己不和自己頂，在各個階段的表現形式是不一樣的，比如肩鬆不下來，在前幾個階段是妨礙勁的傳遞，這時我們就可以說肩和腳頂了，抵消了一部分勁。而在能感覺到氣運行的練習者，就要提高對鬆肩水準的要求了，勁雖然可以不頂，但鬆的不夠的話，胸口的氣沉不下來，這時會造成氣滯，對身體不但有害，也會影響勁的運行，這時就是氣頂。

不與自然頂和不與自己頂，其實是一回事，因為自己也是自然環境的一部分，只有不執著自身，一切依照本心，才能從與自然外界相爭到慢慢的相同步而至相溶。

第二十二章　不爭而爭

曲則全，枉則直，窪則盈，

敝則新，少則得，多則惑。

是以聖人抱一，為天下式。

不自見，故明，不自是，故彰，

不自伐，故有功，不自矜，故長。

夫唯不爭，故天下莫能與之爭。

古之所謂曲則全者，豈虛言哉！誠全而歸之。

「**曲則全，枉則直，窪則盈，敝則新，少則得，多則惑。**」「曲則全」，現在都解釋成委曲求全，自己受些委屈，事情就能有好一點的結果。這是好大的誤讀。曲，原意是片面，通大道的人經由片面的瞭解就可以得到全部的知識。就是上篇講的，玄德可以一通百通。這個解釋顛覆了好多專家的注解啊。

練過太極拳推手的人都知道，聽勁是太極拳推手水準高低的決定因素，對敵時首重偵查，聽勁就是偵查兵，聽其一點知其全身。功夫好的人，由細微的觀察就可以知道來力的大小、長短、快慢、輕重；再好一點的還能判斷出對手重心的變換，甚至意念、氣的流動和內心的想法；這些沒練過太極拳的是體會不到的。

「枉則直」，彎曲是為了伸展。太極拳沒有伸直的動作，處處給人留有餘地，作為一種拳術，怎麼可以對敵時留情呢？我教學時常講給別人留餘地是為了給自己留餘地。太極拳講究形不破體，力不出尖。一破體就散了，一出尖就過了。所以留有餘地，是為了更好的保護自己，打擊對手。

「窪則盈」，包容才能飽滿，大道虛無，如谷如淵，是萬物填不滿的，能填滿它的只有沖盈之氣。太極拳的「掤」勁就有包容藏銳的特性。很多人理解掤就是向外

頂，這是不瞭解捆的本意，而造成的誤解。窪則盈，大道要虛無才能包容。太極拳要引進對手，才能在圈內運用。

「敝則新」，大道循環，知識沒有新舊之分。比如有的新技術現在最先進，可是過幾年證明這個技術對人傷害很大。所以要以大道的眼光看待知識，而不可貪圖新知而忘大道。

「少則得，多則惑」，很多學員經常催我加快教學進度，剛學了一路就想學二路；推手沒搞明白就想散手，這樣貪多只會越修煉越迷惑。

看到這，明白練了太極拳還是有好處的吧？起碼這一章就比好多專家強了，下次看到有人解釋《道德經》先看這一章，解釋成委曲求全可自保的直接就換台。

老子下一句「**是以聖人抱一，為天下式**」又重複了一遍抱一的重要性，並說：「為天下式」。老子的意思是，只要抱一無離、秉持大道，上面那些要求都變得很簡單。我們的渾圓樁就是武術養生的天下式，對修煉抱一無離很關鍵，練習好了，做到前面的要求都不算難事。

「**不自見，故明，不自是，故彰，不自伐，故有功，不自矜，故長。**」老子提出了修煉路上的四個要求，不自見、不自是、不自伐、不自矜。這四個要求也是對前面「曲則全，枉則直，窪則盈，敝則新，少則得，多則惑。」的進一步說明。

「不自見，故明」不被自己見到的表像迷惑，而應去追求全面的事實。太極拳做到這一點就是神明階段。

「不自是，故彰」，彰，直也。如果以為自己是直

的，那不是真的直，如果以為自己就是道，也不是真的道。太極拳如果你認為出一點尖，加一把勁就打到對手了，那也不是整勁，就算打到對手也沒什麼作用，還不能叫做太極拳。

「不自伐，故有功」。伐，自滿。前面說過大道虛空，是裝不滿的。不自滿，沖虛之氣沖盈，才能用，用才有功。這個練拳的人都明白，「練拳不練功到老一場空」，前面也解釋了「窪則盈」這裡就不多說了。

「不自矜，故長」，對應前面的「少則得，多則惑」。多學了幾套拳，覺得該會的都會了，就應該為發揚武術做出貢獻了。可就像沒有地基的房子，這是長久不了的。

「**夫唯不爭，故天下莫能與之爭**」，這一句也不能單純的以字面意思理解。《道德經》裡講無為是為了無所不為；講無用是為了無所不用。講不爭也是為了天下沒有更大的道理可以與之相爭了。很多人認為老子之道就是謙虛，讀懂了這句，還認為老子會委曲求全嗎？

第二十三章　希言自然

希言自然。

故飄風不終朝，驟雨不終日。

孰為此者？天地。

天地尚不能久，而況於人乎？

故從事於道者，同於道，

德者，同於德，失者，同於失。

同於道者，道亦樂得之；同於德者，德亦樂得之；

同於失者，失亦樂得之。

信不足焉，有不信焉。

「**希言自然**」，就是遵從自然規律，不言而教。在前面我們講過太極拳不言而教的重要性，這一章老子進一步說明，為什麼要遵從自然規律，不言而教。

「**故飄風不終朝，驟雨不終日。孰為此者？天地。天地尚不能久，而況於人乎？**」天地間的狂風暴雨，一般都不能維持一整天，天地都不能持久，人的機巧就更不能持久了。王薌齋先生說：「拳本無法，有法也空，一法不力無法不容」，又說：「凡有方法便是局部，便是片面，非自然整體之學也」，還說：「那更要任何方法不許有，若是有了人造的方法摻雜其間，可就把萬變無窮的潛能妙用完全丟失了」。像這樣的拳理，意拳幾代老師留下的很多，這是拳道至理，有了人為不遵守拳理亂添加的動作，靠空想出的用法，反倒破壞了拳道的渾然天成。

現在的太極拳不就是這樣嗎？拳道本來的真意被曲解篡改，胡編的動作不符合運動規律，這都偏離了虛靜自然、無招無為、希言自然的太極拳之道。

為什麼說太極拳要無招，稍微解釋一下，拳架的招式是初學者訓練平衡能力、協調能力、訓練二爭力的技術手段，而不是最終的修煉和技擊方法，拆招應招都是人為編出來的，畫蛇添足沒有用的。太極拳在不丟不頂的基礎

上，就是修煉先天的感知力。著熟、懂勁、神明三個階段對應著聽力、聽氣、聽意，不靜心恢復先天自然，如何到達虛空無為的大道呢？

靠近道的人，道就會離你近，靠近德的人，德就會離你近，道德都不願意靠近的人，道德就失去了。道不遠人，就是這個道理。太極拳也是這樣，你為了鍛鍊身體，認真練習，身體就會好。為了防身，技擊就會好。為了尋求理趣，就會自然快樂。為了吹牛聊天，就可以吹牛聊天。挺好。

有志於道，便會有志同道合的人向你聚集。有志於德，便會吸引一些玄德之士和你探討。不喜歡這些，喪失了道德，也有一幫人和你一起。所以物以類聚，人以群分。

第二十四章　修道四要

企者不立，跨者不行。

自見者不明，自是者不彰，自伐者無功，自矜者不長。

其在道也，曰餘食贅行。

物或惡之，故有道者不處。

「**企者不立**」，踮起腳尖是無法站穩的。站的不穩，難以立於大道。「**跨者不行**」，邁開大步快走是無法持久的。我們前面解釋過德，是從直從心，小步不停的走，步子太大就失德了，容易走上歧路。這句是講如何立道，如

何行道。具體方法就是再次強調「不自見、不自是、不自伐、不自矜」，我們前面二十二章解釋過，這裡再重複一下。老子提出並在這一章又強調了，修煉路上的四個要求，「不自見、不自是、不自伐、不自矜」。這四個要求也是對「曲則全，枉則直，窪則盈，敝則新，少則得，多則惑。」的進一步說明。

「**自見者不明**」和「不自見，故明」一個意思，不被自己見到的表像迷惑，而應去追求全面的事實。由一點判斷全身，由對方精神的出尖，判斷對手的內三合，太極拳做到這一點就是神明階段。

「**自是者不彰**」和「不自是，故彰」，也是一個意思。彰，直也。如果以為自己是直的，那不是真的直，如果以為自己就是道，也不是真的道。太極拳如果你認為出一點尖，加一把勁就打到對手了，那也不是整勁，就算打到對手也沒什麼作用，還不能叫做太極拳。

「**自伐者無功**」和「不自伐，故有功」也沒有區別。伐，自滿。前面說過大道虛空，是裝不滿的。不自滿，沖虛之氣沖盈，才能用，用才有功。這個練拳的人都明白，「練拳不練功到老一場空」，前面也解釋了「窪則盈」這裡就不多說了。

「**自矜者不長**」和「不自矜，故長」的意思一樣。對應前面的「少則得，多則惑」。多學了幾套拳，覺得該會的都會了，應該為發揚武術做出貢獻了。好像沒有地基的房子，這是長久不了的。

「**其在道也，曰餘食贅行。物或惡之，故有道者不**

處。」這一篇最後面兩句很容易理解，就是對於道來說，這些心態行為都是屬於多餘的累贅。同樣，得道的人，也不會有這些心態行為。這裡老子還罵了這種行為是剩飯一樣骯髒，讓人厭煩。看來聖人也有發脾氣的時候啊。

企者是好高，跨者是騖遠，這是練習太極拳有成就的大敵。這是個貶義詞，具體的意思，大家都明白就不多廢話了。

第二十五章　道法自然

有物混成，先天地生。

寂兮寥兮，獨立而不改，周行而不殆，可以為天下母。

吾不知其名，字之曰道，強為之名曰大。

大曰逝，逝曰遠，遠曰反。

故道大，天大，地大，人亦大。

域中有四大，而人居其一焉。

人法地，地法天，天法道，道法自然。

這一章老子主要闡述道與人的關係。道產生的時間是天地未生之前，特性是：「寂靜無聲、虛空無形、渾然一體、無始無終、循環往復、無所阻礙、恒古不變」。因為道的這些特性，靜極可以生動，所以可以生化天地萬物。老子不知道怎麼形容它，只好用道字來描述它，如果非要說出道是什麼？只好稱為大。為什麼說道大呢？道的特性是無始無終、無邊無際。宇宙未生時沒有時間和空間的概

念，所以道比我們理解的極限還要大，是超出人類認知範圍，無法想像的大。

太極拳名字也是這個意思，太，比大還要大。極，無限。比我們想像的還要大。逝，往。因為道的博大，就去追求它，但它遙遠的沒有盡頭。如果走下去會不會走錯路離道越來越遠了呢？反，那就往回走，尋找來時的路，返回初生時的狀態，復歸自然的天性。

「**故道大，天大，地大，人亦大。域中有四大，而人居其一焉。**」人復歸自然後，道、天地、人都是一樣的博大。人能體察大道，就會與萬物一體，與天地並生，與道同一。

「**人法地，地法天，天法道，道法自然**」，天、地、人、宇宙間的法則，不過是回歸自己本來的樣子而已。

解釋完了這篇文章，就發現人體和宇宙是一樣的，理論上完全可以做到人道相通。我們回頭再來看道的特性，「寂兮寥兮，獨立而不改，周行而不殆。」「寂兮寥兮」，無極空曠寂寥，無聲無象。在以武入道的路上，最難的就是要忍受孤獨寂寞。

我以前請教師父和前輩時，聽到最多的一句話就是：練功是很孤獨枯燥的。「周行而不殆」，是指氣在體內運行的通暢無阻，比較好理解。這裡重點講的是「獨立而不改」，這一句在練功時常被誤讀。

意拳中有獨立守神樁，其實就是養生樁和渾圓樁。意拳樁功，來源於《黃帝內經・上古天真論》裡的這段話：「黃帝曰：余聞上古有真人者，提挈天地，把握陰陽，呼

吸精氣，獨立守神，肌肉若一。故能壽敝天地，無有終時，此其道生。」和「獨立而不改」意思是一樣的，甚至它的來源很可能就是《道德經》。不改就是無有終時，壽敝天地。獨立是為了守神，與肌肉形成整體，高度統一，而不是很多人認為的抬起一隻腳，單腿站樁。

第二十六章　重為輕根

重為輕根，靜為躁君。

是以聖人終日行不離輜重。

雖有榮觀，燕處超然。

奈何萬乘之主，而以身輕天下？

輕則失根，躁則失君。

　　重是輕的根本，靜是動的主宰。本章透過探討動靜關係，闡述了一個重要觀點，即修身是一切的根本，它比優越的物質條件乃至天下國家都重要。

　　不知道重怎麼知道輕呢？靜不下來的動都是輕率的妄動。先重後輕，靜中求動，才是修身根本之道。我們看拳譜，一看到張三豐說：「一舉動，周身具要輕靈」，就浮了，拳架也沒有根了，輕飄的像芭蕾了，這是曲解拳論。「腳下無根，安身不牢」，太極拳的輕是從鬆沉中得來的。

　　要練好鬆沉勁先要知道什麼是太極拳的鬆，怎麼樣鬆。我們給鬆下個定義，就是意氣下沉，筋骨肉有脫離之

感，關節筋脈節節拉開，有拉遠放長之意，在保證立身中正的基礎上，找到最省力的，最舒服的感覺。

我們在練習拳架和站樁時，周身關節要節節鬆開，由兩臂開始拉遠放長，形成八面支撐，然後因為虛靈頂勁由頸椎開始，由上往下，沿脊椎、尾閭、腰胯、膝一直到腳，鬆到地下去。

放鬆不等於軟，所以還需保證虛靈頂勁、脖頸上拔、肩開肘墜、含胸拔背、命門填滿、尾閭中正、腰胯鬆坐，不如此則是軟不是鬆，要鬆而不散，無拘泥懈滯之病。

放鬆要以心靜為前提，心靜似水而無雜念。斷念，心才能無拘束暢遊於自然，自然才能神安意定，內在俱鬆。

當周身的關節拉遠放長，筋骨肉有了脫離之感，脊柱節節鬆開了，那氣自然就順了，氣順就能下沉，所以下沉的是氣不是力。我師父經常說：「要把勁放到腳下去。」其實就是要鬆到腳下去，鬆到下面了，就是鬆沉勁了。

鬆沉勁不是用拙力往下，也不是單靠降低重心，而是以心靜為本，以意念為令，以氣為體，達到中正安舒的感覺。在練習太極拳的鬆沉勁階段，要求在放鬆的基礎上以沉穩入手，打拳時氣勢既充足又內斂，立身務求中正，無論動作如何，中線不丟，這是練出丹田內勁的關鍵，外形上既鬆柔圓勻又棉裡裹鐵，上身如春風擺柳，腳下入地三尺，任憑風浪起，根入地底中。切不可變鬆為軟，無神丟勁，更不可勁力外現、棱角分明。

練出了鬆沉勁對於拳架的感覺而言，有周身勁力貫穿連綿不斷，精神上輕鬆舒服，肢體上身，柔順自然，下盤

穩固沉實，上虛下實，腳下生根。

　　練成鬆沉勁很容易，卻是拳道路上不可或缺的重要關口，它對每一種內家拳都很重要，比如形意拳的立地生根、八卦掌的一步一樁等。拳道取得鬆沉勁就可以算功夫入門了。可取得成就的同時，因為好用而忘乎所以，不懂捨得的話，想要更進步，在鬆沉勁中求輕靈就很難了。

第二十七章　大道五善

善行無轍跡，善言無瑕讁，
善數不用籌策，善閉無關楗而不可開，
善結無繩約而不可解。
是以聖人常善救人，故無棄人；
常善救物，故無棄物。是謂襲明。
故善人者，不善人之師；不善人者，善人之資。
不貴其師，不愛其資，雖智大迷，是謂要妙。

　　善即善於，是完美的意思，不是善良。真正的善就是順道而行。因此對有道之士來說，天下沒有可棄之物，也沒有無用之人。老子這裡提出了五善，即善行、善言、善數、善閉、善結，這五善都是合乎大道的，這裡也是後人誤讀很多，詳細解釋一下五善。

　　善行，善於行動的人，會把行跡掩蓋起來，以達到自己行動的目的。因為行的是大道，人們難以發現他的真實意圖。不是行善不願被人發現，這是亂解釋，和後文挨不

上。太極拳高深境界時聽勁已入化境，不但可以聽外物自然，也可以聽自身的氣血流動、肌肉骨骼，一旦氣血阻礙，骨肉僵緊，自然會調理化解，不會顯現於外。

善言，不是每逢說話都能滔滔不絕的人，而是說話時都能說到點子上。天道奉行不言而教，就是不說廢話，不說裝飾過的假話。越是座談立議無人可及，臨敵應變越是百無一能。

善數，多年前讀道德經時，看注解記得是計算，解釋成善良的人不會去算計別人。現在想想也是可笑的解釋。當然，善於心算也不對。數，這裡是觀察的意思。以道觀萬物，體察萬物自然規律，不用籌策，就是不用工具，不以物觀物，心裡就可以格物致知了。

善閉，對於善於封閉的人來說，門不需要上鎖，就打不開。得道的人通曉萬物規律以後，回歸為一的狀態，應物無窮而不開。

善結，善結無繩約而不可解，指的不是綁人，而是結繩記事。約，是講好的規律。善結，就是指對事物的掌控能力，不用記錄，這種約定好的規律也改變不了。因為這是依大道自然而定的。

「是以聖人常善救人，故無棄人；常善救物，故無棄物。是謂襲明。故善人者，不善人之師；不善人者，善人之資。」這裡的「善人」與「不善人」，指的不是善良的人和不善良的人。「善人」，遵循大道行事的人，就是文中的聖人。「不善人」是不能順從大道行事的人，對於不善的人，並不因其不善而鄙棄他，一方面聖人要勸勉他，

挽救他。另一方面，他的行為也為聖人提供借鑒。

　　救是一種理性的活動，從根本上說，指的就是探索追求事物的本性並使之展露出來。而我們知道本性就是道，對於那些喪失了人的本性的人來說，探索追求自己的本性就是拯救自己的本性。

　　「**不貴其師，不愛其資，雖智大迷，是謂要妙。**」師，這裡指聖人，我前面講過，聖人負責教化，有老師的意思。貴，意為珍視，尊重。大迷，意為絕對的迷糊狀態。練武求道的人如果不尊重好老師的教導，不注重他人的借鑒作用，看起來好像很有智慧，其實是很愚昧。

第二十八章　用剛守柔

　　知其雄，守其雌，為天下谿。
　　為天下谿，常德不離，復歸於嬰兒。
　　知其白，守其黑，為天下式。
　　為天下式，常德不忒，復歸於無極。
　　知其榮，守其辱，為天下谷；
　　為天下谷，常德乃足，復歸於樸。
　　樸散則為器，聖人用之，則為官長。故大制不割。

　　「**知其雄，守其雌，為天下谿。為天下谿，常德不離，復歸於嬰兒**」。

　　雄，陽剛。雌，陰柔。谿，山溝裡的溪流。剛強是有為，可以用的外在表現形式，而陰柔是道的本性，如溪水

般源源不斷，剛不可以持久，常保持陰柔的狀態，就可以回歸到嬰兒般的赤子本性，這才是合於道的。

「知其白，守其黑，為天下式。為天下式，常德不忒，復歸於無極。」

式，範式，這裡指道。忒，這裡指陰陽，也就是有極。知道如何顯露鋒芒，但卻堅守孤寂的本心，這才是正確的道，這樣使用時就不會出偏差，不會偏向陰或陽，而是回復到天地初始時的狀態。

「知其榮，守其辱，為天下谷；為天下谷，常德乃足，復歸於樸」。

深知得到榮華的方法，卻要守虛無。辱，這裡是虛無的意思。包容萬物，然後就可以返璞歸真，回到自然淳樸的狀態中去。

三句話一個意思，就是知道剛怎麼用、陽是什麼狀態、富貴怎麼得，可也要知道孤陽不可久的道理。所以要守虛無，回歸本心，才能得到源源不斷的補充，這才是長久之道。

修身之道這裡說的很明白了，比如年輕的時候仗著身強力壯，就以陽剛消耗為主，肯定衰老的快，而從年輕時就知蓄養省力、練養結合，力量反倒可以保持的更為長久。

開始學習太極拳，老師基本都天天強調放鬆，動作要柔和。不是陽剛不要，太極拳打到人身上也是會疼的啊，實用的時候外行是看不出這是太極拳的，打人時怎麼可能不用力呢？剛是為用的，也是有為的意思。只是剛容易明

白，柔，想得到卻不容易。我們的成長過程就是去柔增剛的過程，已經習慣用力了，忘記初生時柔是什麼樣了。所以修煉時就要以柔為主，反道而行，向來路去把丟掉的柔找回來。去剛成柔不是不要剛，而是柔中生化出的剛，靜中求出的動，會更加長久。陰陽相濟，陰中的一陽來復才是太極拳修煉之道。

第二十九章　聖人去甚

將欲取天下而為之，吾見其不得已。

天下神器，不可為也。

為者敗之，執者失之。

故物或行或隨，或歔或吹，或強或羸，或載或隳。

是以聖人去甚，去奢，去泰。

上一章講要剛柔相濟，這一章講過剛過柔都是不對的，實際上從另一個方面來強調剛柔相濟。

「將欲取天下而為之，吾見其不得已」。不得已，指的是停不下來。想要得到成就卻用強制的辦法去做，或帝王不按自然規律，用強硬的手段來治理天下，過剛過猛就完全停不下來，忘記了知剛守柔的大道，這樣下去是很危險的。

「天下神器，不可為也。為者敗之，執者失之」。神器，指的是神用的器具。在中華傳統文化裡，神有兩種含義：一是我們的祖先，在上古文化中的三皇五帝，都是這一類的。二是可以造化的神，天地山川雷電河海的自然界

的神。這裡的神器是自然可以造化萬物的，所以指的是道。道是自然之神的創造者。

天下的自然規律是道決定的，而不可以人來決定，用現在的話說，道是最高法則，要法治不要人治。造化萬物是自然的事，人拿著神器想去做怎麼可以呢？加上過剛過強，停不下來，只好勉強去做，最後一定失敗。

「**故物或行或隨，或歔或吹，或強或羸，或載或隳。是以聖人去甚，去奢，去泰**」。天下萬物依各自的規律生長，都不一樣，人也是千人千面各不相同，那要如何知道萬物萬人的規律呢？就是要做到，去甚、去奢、去泰這三點。甚，極端的，這裡是為雄不守雌，或守雌不知雄。奢，奢侈，就是為白不守黑。泰，驕縱傲慢，這裡是為榮而不守辱。

瞭解這一章的內容，其實就是再一次強調太極拳剛柔相濟的重要，所謂純陽不久，純陰不守；剛過易折，柔不可軟。不走極端，不孤注一擲。也就是過猶不及。

過猶不及，出自《論語》，後被王宗岳引用，來說明太極拳的中和之道。過猶不及重點在一個過字，與力不出尖的要求近似，大致分為力過、氣過、意過。

力過：剛勁過大，不會陰陽相濟。求勝心切，過剛必折，力是有極限的，一旦到達極限就會物極必反。柔也會過，柔成軟丟，就是柔過頭了，變成沒有鋼骨了。剛柔轉換就是陰陽轉換，和大自然相通才會恰到好處。

氣過：有的練習者用呼吸來配合動作，發力時還喜歡憋氣，認為這是練氣。時間長了就會造成胸背悶痛。就像

天天吵架生氣，生出來的是悶氣，反倒傷害元氣，這樣練習最是傷身。太極拳的呼吸就是自然呼吸，比平時深細一些而已。

意過：就是刻意。不論外顯還是內斂，精神都要提的恰到好處。萬不能怒目逼人，或是引導氣血，那就也是一種僵緊的表現。

第三十章　物壯則老

以道佐人主者，不以兵強天下，其事好還。

師之所處，荊棘生焉；大軍之後，必有凶年。

善者果而已，不敢以取強。

果而勿矜，果而勿伐，果而勿驕，

果而不得已，果而勿強。

物壯則老，是謂不道，不道早已。

這一章比較好理解，先說一下大概講的什麼意思：按照大道的原則輔佐君王的人，不依靠兵力來稱霸天下。去攻打別人這種事不僅不會帶來好處，反而別人也會因為報復而來攻打你們。軍隊到過的地方，荊棘橫生，人們逃難，土地荒蕪。大戰過後，因為土地荒蕪，必定會有荒年。善於用兵的人，只要達到救濟危難的目的就算了，不會以兵力強大來耀武揚威。即使達到了目的，也不因此而自尊自大；即使達到了目的，也不因此而誇耀；即使達到了目的，也不因此而驕傲；即使達到了目的，也認為是不得已而為之；即使達到了目的，也不逞強。我留下了最後

一句沒解釋，我們重點看看這一句。

「**物壯則老，是謂不道，不道早已**」，看到這一句就知道，老子還是在說前兩篇的陰陽相濟的問題。物壯則老什麼意思？前面說了，「知其雄，守其雌，為天下谿。為天下谿，常德不離，復歸於嬰兒」。如果用其雄，不守其雌，失去常德。道滅德失，萬物失去根本，就會老就會亡。不道早已，已，停止。這樣的事還不應該早早停止嗎？

以武悟道的人，和人比武較技，依照剛柔相濟的道理打贏了不是應該的事嗎？沒有什麼可以自誇和驕傲的。只知道拼命猛打硬打，是一定會失敗的，而且對於養生修身來說，這更是錯誤的。

第三十一章　用兵有道

夫兵者，不祥之器，物或惡之，故有道者不處。

君子居則貴左，用兵則貴右。

兵者不祥之器，非君子之器，不得已而用之，恬淡為上。

勝而不美，而美之者，是樂殺人。

夫樂殺人者，則不可得志於天下矣。

吉事尚左，凶事尚右；偏將軍居左，上將軍居右。

言以喪禮處之。

殺人之眾，以悲哀蒞之；戰勝，以喪禮處之。

這一篇講用兵之道。

「夫兵者，不祥之器，物或惡之，故有道者不處」。戰爭是兇險的，會傷民害物，為禍天下，所以有道的人不會輕易發動戰爭。從國家來講是戰爭，從個人來講是打架。有道義的國家不輕易發動戰爭，有道的人也不輕易打架。不輕易打架不等於不打架，什麼情況可以打呢？下面會講到的。

老子接著說：「君子居則貴左，用兵則貴右。」面南而居，左邊是東，屬陽，為吉。右面是西，屬陰，為凶。古人居貴左，來了客人，或尊貴的客人住左邊。用兵打架時貴右，這裡有誤讀是，老子說用兵也要謙讓。那就不要打好了，其實老子的意思是，最好不要打，一旦要止暴制亂，就要消滅敵人。為什麼這麼說呢，往下看。

「兵者不祥之器，非君子之器，不得已而用之，恬淡為上。」打仗和打架一樣都是不得已，比如：有人要傷害你的家人孩子，這時講理講不通，只有用武力來保護家人。道家思想不是一味寬容和謙讓，而是順從自然。雖然講無所不容，失道之人忘記本性都要教導其回歸自然，但對於逆天道，害民傷物的都要消滅。

太極拳也是包容該包容的，教導應該教導的。對一些練習了不但沒好處，還影響身體健康的技術動作，也要堅決制止。恬淡為上，是以道沖虛無應敵，應敵而變，變化無窮，可戰必勝。虛無應敵的用法在第四十章道之動用中還要具體講到。

「勝而不美，而美之者，是樂殺人。夫樂殺人者，

則不可得志於天下矣。」戰勝對手是因為要保護家人和自己，迫不得已的行為。千萬不要喜歡上打人時的爽，那就失去練武求道的本意了。這樣下去，一定會被人打敗的。

「吉事尚左，凶事尚右；偏將軍居左，上將軍居右。」周朝的三軍軍制，王為中軍，偏將軍為左軍，上將軍為右軍。右為凶，左為吉，所以偏將軍負責保護主軍，上將軍負責殺敵。格鬥時，我們通常也是左手防禦引誘的多，右手重拳負責進攻打擊重創的多。

「言以喪禮處之。殺人之眾，以悲哀蒞之；戰勝，以喪禮處之。」這句話誤讀特多，甚至有古人解讀時乾脆說這句不是老子說的。

怎麼打贏了也要哭，打輸了也要哭喪呢？這不是敗壞士氣嗎？有人解讀為老子從根本上就否定戰爭，認為打贏打輸都不是什麼好事。其實老子這裡講的是上古禮議。出師之前，周天子要誓師，宣示全軍以有道伐無道，鼓舞士氣。祭祀天帝，表示代天道而征討敵人，祭祀地神，表示出兵是為了保衛江山，為國守疆。最後祭祖，表示出師是為了捍衛祖先留下的榮譽和疆土。祭祀本來是吉事，但用兵是有兇險的，就用喪事的禮儀。戰爭結束，如果打敗了，國君需要身穿喪服，痛哭著祭祀祖先，承認錯誤。然後弔唁死者，承擔責任，撫慰全軍。打勝後也要祭祀天地祖先，舉行獻俘，斬首敵酋，慰問死傷，這個過程也是按喪禮。之後才是勝利的行賞。要注意的是，舉行喪禮的都是國君，而不是三軍將士。國君以喪禮，是告誡自己遵守天道，而不以殺人為美。

第三十二章　守樸知止

道常無名、樸，雖小，天下莫能臣。

侯王若能守之，萬物將自賓。

天地相合以降甘露，人莫之令而自均。

始制有名，名亦既有，夫亦將知止。

知止可以不殆。

譬道之在天下，猶川谷之於江海。

上一篇講用兵和戰爭。這一篇主要接上篇講兩個問題。

第一是用道來解決問題。國家治理和身體的修煉都是相通的。戰爭的發生就說明國家有問題，拿身體來比喻，就是生病了，治不好就敗亡。治好了也要經歷痛苦的過程，損失大量金錢，消耗大量元氣。國家為什麼會出現戰爭呢？根本原因是君王以人治代替了天道，社會不能自然有序的發展。人為什麼會生病呢？根本原因是人用雄而不守雌、用白而不守黑、用榮而不守辱。不瞭解、不相信、不遵守、陰陽相濟的自然規律。國家出了問題，靠戰爭只能短暫的解決，而不是長久之策。人得了病靠藥物把病治好也不能從根本上解決問題。要永久的國家穩定，身體健康，只能復歸於大道，守雌復歸於赤子之心、守靜復歸於無極、守辱復歸於樸，天人合一。

第二是知止。從治國上面講，得道之人以自然規律制定治國法則，不是為了懲罰人們，而是為了規範人們的行

為，讓人內心淳樸，自然而然的幸福生活，並最終以守道德取代守法則，社會才會永久安定。從修煉身心方面講，就是進入了天人合一，忘我無我，如癡如醉也如迷，甜蜜甜蜜真甜蜜，若有心若無意，連綿不斷有真意的狀態，這是就要安守這個狀態，止而勿失。這裡止通守，治國守道，修身也要守道。

第三十三章　自知者明

> 知人者智，自知者明。
> 勝人者有力，自勝者強。
> 知足者富，強行者有志。
> 不失其所者久。死而不亡者壽。

重要的一篇，我們需要逐句來理解。

「**知人者智，自知者明。**」能夠瞭解別人或事物，只是小智慧，由其他人或物來瞭解自己，從而體察到生命的本來面目的人，才算得上是有大智慧，也就是「明」。

在練習推手時，能夠聽到對手的勁，並判斷出力源，瞭解對手的重心，力的大小、快慢、長短等，並不是推手的全部。

我們需要藉助推手提高聽勁功夫，藉助對手的表現，反觀自身的問題。我在教推手時，經常說：聽明白別人容易，瞭解自己卻難。借別人的聽力檢查自己是否犯錯，才是推手的真正目的。

「**勝人者有力，自勝者強**」。依靠武力戰勝別人的人，只能算得上是有力量，因為這個力量是天生賦予給人的。

那麼，什麼樣的人才算是真正的強者呢？能夠戰勝自己私慾和成見的人，這才是真正的強者。

體察到自己的問題，還要在練功時堅持改正早已養成的錯誤習慣，還要制止自己的妄想妄動，不斷借別人來修正自己的問題，由明白自己的內心來瞭解自己的本性，這才是真的強。

「**知足者富，強行者有志**」。知足者富很多人解釋成知足常樂，這是不對的。知足常樂是安於現狀，知足者富是明白了天道自然之理，知道了什麼才是真正的富足，是現在擁有的明道。

由明道就擁有如：內心的平靜、健康的身體。因而無所不有。由自知者明，就會瞭解自己擁有和需要什麼，就明白了富的真意。由自知者強，就可以清醒認知自己，對待自己，這裡的有志是守本性之志而不生妄念，妄動。和前面章節的弱其志並不衝突。

「**不失其所者久，死而不亡者壽。**」這句話很詭異，但我明白老子真正要表達的意思，可不能說的太透徹，會讓人很難接受。就講一講表面的意思吧。葉落一定要歸根，溪流一定會去往江河，這是自然規律，身體的死亡不代表精神的死亡，精神依存大道，萬物不離其真，方可保命全生。我在前面章節解釋過什麼是魂魄，可以返回去再看看，大家來探討。

第三十四章　大道泛兮

大道泛兮，其可左右。

萬物恃之以生而不辭，功成不名有。

衣養萬物而不為主，常無欲，可名於小；

萬物歸焉而不知主，可名於大。

以其終不自為大，故能成其大。

這一篇老子重點講道的表現形式，明裡論道，主要論德。

「**大道氾兮，其可左右。**」本章的開頭就說，道廣闊無際，無所不在。

「**萬物恃之以生而不辭，功成不名有。**」恃，依賴。因為道泛於天下，化生萬物，萬物都依賴它的無言教化。辭，言語命令。萬物依賴到而生，但萬物生成後，道不會用言語去命令它們，也不會把這個功勞據為己有。有些解釋說，辭是不辭辛勞的教化，不是的啊，聯繫以前的篇章就知道是不言而教，這裡不能望文生義。

比如教拳也沒什麼不辭辛勞的，都是工作，道的本性也是自然就是如此的，沒什麼辛苦的。老師是代天傳道，君主是代天行道，所以有什麼成績，也不能認為這個成績是個人的，否則就是貪天之功。沒有什麼比道的功勞還大，道都不居功何況人呢？

「**衣養萬物而不為主，常無欲，可名於小**」，老子這一句進一步說明前面的論點。衣，這裡是澤被、覆蓋。

養，滋養。道雖然澤被蒼生、滋養萬物，但從不以萬物的主人自居。常無欲就是不自見，道雖然博大無邊，但卻不見自身，無欲而不爭，大家都忽略它，所以又可以稱呼它為小。

「萬物歸焉而不知主，可名於大」，因為它的不自見，去身全道，不對萬物強加管理。萬物得以自然而成，自然也就歸附道，不以救世主自居卻又包容萬物於自然，所以可以稱呼它為大。

「以其終不自為大，故能成其大」。有的版本這句話是要加上聖人兩字的，就是說老子這句話是對奉行教化和普通人的告誡。與大道相比，人的行為往往是與之相反的。人認為自身的思想和意識，可以創造出事物，也可以改變事物。所以人常常自認為是萬物的主人，可以主宰萬物的命運，也可以任意改變萬物。卻忘記了人類之所以能夠生存和發展，所依靠的正是自然界的萬事萬物，離開了自然規律非但不能主宰自然，還會受到自然的制約和懲罰。人同樣是從道中衍生出來的，是萬物的一部分，自然界為我們提供了無盡的能量，道都不居功自傲，人有什麼資格自大呢？

第三十五章　大象無形

執大象，天下往。往而不害，安平泰。

樂與餌，過客止。

道之出言，淡乎其無味。

視之不足見，聽之不足聞。

用之不可既。

　　大象無形，即為道。說的是道的運用和本相。能夠掌握道的運用，就能得到天下人的認可。在上一章中，老子談到道從來不以主宰自居，也不自大，萬物卻依賴它並按照他的規律運行。得道之人與道相似，也一樣的氣象宏大，不計較得失，不會傷害別人，而不以天下的主宰者自居，也不干涉其他人的自然生活，使人們感到非常安全可靠。正是這個原因，和有道之士在一起人們都很安樂。

　　真正的道是無聲無形的，不會對人們構成誘惑。但是一直堅持卻受用不盡。得道之人從不對別人進行聲色誘惑，因為他們深知，聲色誘惑不能維持太長時間，反而會擾亂人們的內心，使人為表像所迷，離道越來越遠。所以，得道者以大道行自然而教，人們自然會受益無窮。

　　「**樂與餌，過客止。**」教拳時，初學者和觀望者常被表像所迷，喜歡那些好看的動作和花式。這些表像會引起內心的紛亂，學習這些的人不過是過客，是接觸不到真正的好東西的。

　　太極拳守虛靜無為而為，《授秘歌》說：「無形無象，全身透空。」無形無象而有大象，陰陽二氣為天地，太極為陰陽之母，為先天大象，以大象為拳名，說明太極拳以道象為法。《易傳》中說：「法象莫大乎天地，變通莫大乎四時。」四季是看不到和卻可感受到的最大法象，寒來暑往、依序變化，往來無窮。太極拳如其無形大象卻通其變

化。修煉時勢窮而變，變則通，通則久。

如果把太極拳的運動軌跡看做是由無數條直線和弧線組成的，那線上上的每一點都可以進行虛實變化，柔點隨時可以發勁，剛點隨時可以放空。在練習中要從面、線、點由大到小去體會虛實變化。

虛實變化關鍵在於變，虛實關係是相互交換的，最典型的就是兩腿的虛實變化，我稱作輕重置換，世界上沒有一種對抗的競技武術是可以站著不動的，唯獨定步太極推手可以，因為他和其他技擊術一樣也在進行重心的轉換，只是更加細微，更加靈活。兩腿上重心的輕重置換既要遵循三七到二五的關係，還要根據情況調整分配，在每一點上都可以重新進行細微的轉換。等到這種轉換在活步推手中能運用自如時，在散手中步法的靈敏度和穩固性就可以兼顧了。

第三十六章　國之利器

將欲歙之，必固張之；

將欲弱之，必固強之；

將欲廢之，必固興之；

將欲取之，必固與之。

是謂微明。柔弱勝剛強。

魚不可脫於淵，國之利器不可以示人。

上一篇講道的運用，這一篇緊接著講道具體的用法。

太極通道，拳是運用載體。這裡每一句都是指導太極拳運用的道理，我們要逐句瞭解一下。

「**將欲歛之，必固張之**」歛：收斂，收縮。從鍛鍊角度來講，太極拳講究此圈越來越覺小。圈越小乃至無圈越是高手，但初學者一定讓他把架子拉大，拳架開合越大越好。這是讓初學者容易找到中正安舒，更容易練成鬆沉勁。從大圈練至小圈到無圈，從有形練到形不外露再到無形，是太極拳練習的過程，我很反對有些陳式小架老師讓初學者一開始就練習小圈，這很難出功夫。不知道大怎麼會知道小呢？沒基礎哪裡可以入門呢？從技擊運用方面來說，對手合的比較好，我要想破掉對手的勢，擠扁對手，直接猛壓容易對頂，不如從裡往外撐破對手的圓，圓破了勢就破了，壓扁就很容易了。

「**將欲弱之，必固強之**」。示之以弱，逗之以強是我提出的太極拳戰術原則，在形體外觀上，要呆若木雞，給對手造成輕視感，讓對手感到自身的強大，輕敵冒進。一旦得機，迅雷不及掩耳，將敵重創，失去繼續搏鬥的能力。從養生鍛鍊角度來說，守弱為修道，但守弱卻以強身為目的，這並不衝突。

「**將欲廢之，必固興之**」。這是緊跟前面兩句的第三階段，第一句是破對手的勢，控制對手。第二句是讓對手變得弱小。這一句就是把對手徹底消滅了。要想徹底戰勝對手，就要讓對手驕傲自大，不斷破體追擊，不斷犯錯，我才能將對手徹底打敗。

「**將欲取之，必固與之**」，要想打敗對手，一定要先

捨得給予對手，丟掉的包袱越多，對手的負擔越重，也就能越輕鬆的擊敗對手。

很多人認為老子這是在教人搞陰謀詭計，是典型的權詐之術，其實這才是符合自然的無為而有為的正道。

「**是謂微明**」，微，細小的摸不到，奈米。微明也是指道。上一章持大象和這裡的微明都是道的運用，表示道的無所不在。

「**柔弱勝剛強**」，這一句誤解很多，一般人理解為弱一定可以戰勝強大。如果是這樣，狼都被喜羊羊吃光了。這句是有先決條件的，就是微明，通道，守弱勢成至柔，無所不容，內可存至剛，才能無堅不摧。陰陽轉換，道之用便是太極。

「**魚不可脫於淵，國之利器不可以示人**」。魚不能離開水，太極拳也不能離開太極的道理，這是制勝長存之本，不能輕易告訴別人。

第三十七章　道常無為

道常無為而無不為。

侯王若能守之，萬物將自化。

化而欲作，吾將鎮之以無名之樸。

無名之樸，夫亦將不欲。

不欲以靜，天下將自正。

這是《道經》的最後一章，在前面的章節主要講述了

大道的概念、形狀、意義、規律、用法。這一章進行總結，再次強調道的「無為而無不為」。

道永遠是順其自然的，卻又好像沒有什麼事情不是它所作為的。若能遵循道的原則，天地萬物就會按自身規律正常發展。出現離經叛道，欲強行改變自然規律的行為時，就要用道的無言而教和淳樸之心教育挽救他，讓他不起妄欲偽巧之心。不起可欲自然會清靜無為，天下萬物將自然而然走向正確的康莊大道。

為上位者只要恪守道的原則，遵循「無為而無不為」的法則，就會達到「自定」的理想境界。大道無為，始終按照自然規律的軌道運行，可使整個天地間和諧有序。治國者無為，始終遵循自然規律的法則不忘初心，可使國家大治，百姓安定。修煉者無為，始終遵守自然虛無和內心本性，可使自己健康長壽。

實與虛、有與無是對立統一的關係，想要得到實、有，必先守虛、無。自然規律道的法則是永恆不變的，治國、治身都在於返璞歸真，抱一不離，這樣才能夠達到「無為而無不為」的境界。

德 經

第三十八章 下德無德

上德不德，是以有德；下德不失德，是以無德。

上德無為而無以為；下德為之而有以為。

上仁為之而無以為；上義為之而有以為。

上禮為之而莫之應，則攘臂而扔之。

故失道而後德，失德而後仁，失仁而後義，失義而後禮。

夫禮者，忠信之薄而亂之首也；

前識者，道之華而愚之始也。

是以大丈夫，處其厚，不處其薄；居其實，不居其華。

故去彼取此。

前面三十七章道經部分，著重闡述了道、天地、人的關係，講了萬物自然有序的規律，以及道的本質和修煉的方法。從這一章開始瞭解「德經」部分。

什麼是德呢？前面講過了，德是修行中追求道的方法。反過來說，道是本體，德是應用，就是體與用的關係。有人說要先有德才能有道，這可能是講修煉的方法，不去評論對錯！德是從本心出發一直堅持，堅持什麼？堅

持內心的道。所以是先有道，然後有德。

在道經的開篇，也就是第一章裡，講了可道非道。在德經的開篇，要先講上德不德。

上德，最高的德，就是天德。有上德的人實行自然之道，對萬物不加以管制和人為的教導，這種符合道的行為才是上德。

下德，指人德。以主觀的判斷、人為的教導，來決定萬物應該如何生活，對別人開始管制和教導，表面上沒有失德，其實已經天德不存了。

老子在這裡把德分成了兩種，上德和下德，只有上德才合乎道的精神，下德是人為制定的秩序和社會準則，有些合於道，但大多不符合道。太極拳修煉時千萬要區分什麼是符合道的拳理，什麼是人為不合自然的拳理。

上德合道，所以無言而教，無為而為。德，源於道，是道的用，和道在細微處還有不同，比如面對別人的看法。道的態度是，天下失道而我獨頑似鄙，不在乎別人的看法，潔身自好。上德呢，也不在乎別人的看法，可還是堅持對世人的無言而教。從修行角度看上德不如道，還有微念。下德是按照自己的想法去管理或教導別人應該如何生存，這叫有以為，也就是有為。無為和有為就是天德和人德的區分。

人德進一步分為上下兩種，一種是仁，一種是義。奉行仁德的人，教導別人要親仁有愛，大家自覺遵守，也不強制。自覺遵守很難做到，有的人就不去遵守，對於這樣的人，就會發動輿論譴責，遵守的人叫有義，不遵守的叫

不義。

　　制定好了仁的規範標準讓大家遵守，規避不義的行為。可還是有人違背，那就制定禮好了。原意遵守的，升職加薪快，不遵守的強制執行，這樣人就出現了階級。

　　「**失道而後德**」說的就是天下失道，天德淪為下德，那就與仁相差無幾了。「**失德而後仁**」說的是離開了無為的類型才有了仁。仁屬於有為的範疇，而「**失仁而後義**」、「**失義而後禮**」說的是在有為的範圍內所顯示出來的不同層次。如果聖人不能明道，總是以自我為中心，那麼，他所推行的仁、義、禮，目的都不是為了他人好。

　　在老子看來，人與萬物一樣，生下來就淳樸仁愛，這是自然的天性，現在以人德廢天道，天性被蒙蔽，只好勉強做符合禮儀階級的行為，這樣下去一定會混亂的。因為一定會有人繼續不服從，所以春秋後法家就出現了。說教不通，就來硬的，這是必然的結果。法家肯定是比禮教更低級的管理模式，現在有說法家源於《道德經》，也是很有意思的事。老子在這裡大力批評了他一位提倡克己復禮、以仁治國的學生提出的思想。這就有疑問了，老子為什麼要這樣呢？這位學生據說一直對他很尊重啊！結合德經對某一種思想的批評，我們慢慢來瞭解。

第三十九章　得一為本

　　昔之得一者：天得一以清；

　　地得一以寧；神得一以寧；

谷得一以盈；萬物得一以生；

侯王得一以為天下貞。其致之也，

天無以清，將恐裂；地無以寧，將恐發；

神無以靈，將恐歇；谷無以盈，將恐竭；

萬物無以生，將恐滅；侯王無以貴高，將恐蹶。

故貴以賤為本，高以下為基。

是以侯王自謂孤、寡、不穀。

此非以賤為本邪？非乎？

故致數輿無輿。不欲琭琭如玉，珞珞如石。

這一章講的是道的應用。「一」就是道的意思。惟初太始，道立於一，運化太極，天地始分，化生萬物。道有唯一性，所以《道德經》裡，一有的時候是道的意思。德是道的運用，天德通道，這裡「得一」，就是指得天德。有天德後會怎麼樣呢？老子開始舉例說明。

「**昔之得一者：天得一以清；地得一以寧；神得一以寧；谷得一以盈；萬物得一以生；侯王得一以為天下貞。**」老子列舉天、地、神、谷、萬物、王侯。

天有德，天道合一便會變得清明。道生鴻蒙之氣，混沌中化陰陽二氣，清者上揚為天，天即生，守道不離，可長久的清揚在上。

地有德，地道合一，便會變得寧靜。鴻蒙元氣濁者下沉為地，地即生，守道不離，可長久的緊密粘合在一起。

造化萬物之神有德，才能掌握造化萬物的樞紐。

谷，這裡還是道的隱指。有德可用，道才能造化萬

物，永不衰竭。

王侯有德便能使天下大治。老子透過以上所列舉的事物，闡明了道是天地萬物的根本，德是天地萬物的源泉。

「其致之也，天無以清，將恐裂；地無以寧，將恐發；神無以靈，將恐歇；谷無以盈，將恐竭；萬物無以生，將恐滅。」這一段中，老子論述了天、地、神、谷、萬物、王侯等，都脫離了道德的自然規律，將會出現的情形：如果天產生了濁氣，不再清揚一體，怕是會崩裂；如果大地不能渾然一體粘合緊密，失掉安寧的本性，就會四處動盪恐怕要廢了；如果自然界的神沒有了造化的功能，天地間萬物便會消失；如果川谷離開德，就會停止運行，能量很快就會消失；如果前面的都沒有了，萬物便會遭到毀滅；如果王侯不能以上德為貴，天下就會敗亡。

「故貴以賤為本，高以下為基。」這句話不是通俗解讀的貴賤高下。在道德看來，萬物本無貴賤高下，道德之士要達到「物我兩忘」的境界才是根本。也就是外物與內在沒有分別，和諧統一，一切都自然協調。沒有了內外分別之心，也就不會有爭的想法，不爭而爭，人才合於道。

「是以侯王自謂孤、寡、不穀，此非以賤為本邪？非乎？」孤，無父母。寡，獨，少也。穀，糧食的總稱。不穀，古時君王自謙的稱呼。他們為什麼這麼稱呼自己呢？因為君王要以德配天，獨立守神是修道的方法，不穀和孤都是無物可以生出，是道的特性，君王這樣自稱就是以道為本的意思。

「故致數輿無輿。不欲琭琭如玉，珞珞如石」。這句

是周朝的禮儀制度，乘輿之禮是顯示尊貴，佩玉之禮是顯示德行。老子認為這不合天德而是顯示人德，主張廢除這種代表等級制度的禮儀。這又和某家的思想相悖啊。

本章重申了道與德之間的關係。道不僅是無形的，而且無為的，萬物難以真正地瞭解它，所能瞭解的，僅僅是道的德。太極是代表鴻蒙之氣的初始動用，符合德的屬性，人們可以用太極拳為載體來理解道。九尺高臺起於累土，德通大道，在於明內心，並堅持不懈。

太極拳由入門而悟道也在於無數日夜簡單的重複練習。不忘初心，方到神明。

第四十章　道之動用

反者道之動，弱者道之用。

天下萬物生於有，有生於無。

這一章有兩個重要觀點，我在上課時經常引用，一個是「反者道之動」，任何事物的發展運動都是朝著相反的方向運動。一個是「弱者道之用」。用弱而不用強，就是因為「反者道之動」的原理，用弱反而能強。

「**反者道之動**」。反，復歸。復歸道的根本，可以更加長遠。在太極拳練習中，這句話太重要了，武術的二爭力就是以這句話為核心產生的。說二爭力比較難以理解，比如人往前走，腳卻是往後用力的，藉助了地面的反作用力。一切力都是相反的，這就是太極拳慢練的主要原因，

是為了體會腳下借力卸力換力，又不能出尖的感覺。太極拳理說：「力起於足，行於腿，主宰於腰，達於手。」就是借地面反作用力之後的竄力用法。

太極拳等內家拳都看重渾圓勁，渾圓就是道的初始狀態，勁就是道的運用。不是站個渾圓樁就會有渾圓勁，何況在六面爭力出現前，也談不上渾圓樁。

爭力是渾圓樁的前提條件。前後、上下、左右六個方向的三種爭力練習，即是單獨的練習又是相互關聯的，我師父說：「三個爭力要單做，最後組合成渾圓。」三種爭力六面方向只是把架子撐起來，我們還要練習著把架子間的空隙填滿，在老師的幫助下體驗各個方向對自身的壓力，等到一舉動，或是隨便一站，便是周身一體，有左必有右，有前就有後，有上拔就有下鑽，勁路貫穿全身，就像廣場上的雕像，給予從各個方向來的力的反作用力都是相等的，這才算具有了渾圓勁。具體練法請參考拙作《以心悟道練太極》的「六面爭力成渾圓」一文。

「**弱者道之用。**」弱，不是虛弱。道在動用的時候，守的是其柔弱的方法，順其自然，任由一切事物依照自然規律發展變化，而決不強加干涉，也不強加自己的意志，留給萬物自由的發展空間，無為而有為，使其順從自然的規律。守弱之道，真是至理名言，不爭卻可與天下爭。太極拳依靠的主要用法「黏勁」，就是守弱之道。

八卦掌靠閃打人，形意拳靠整打人，太極拳靠黏打人。黏是推手打拳中的黏勁，在沾的基礎上，黏有控制之意，黏勁的關鍵在於用我之意控制對手之意，我的意念始

終在對手的意念前面，使對手發出的勁如進如一團漿糊中，處處被纏繞封堵，有力不得施展，正如拳論中說的「我順人背謂之黏」，讓對手越急越背，最後被制。

黏勁在對手將發未發，將展未展時就要提前運用，這時最為有效。黏勁要鬆，要輕重適度，在感覺已能有效的控制對手了，對手的活動空間被我壓制的越來越小了，這時才能適度重黏，保持對手的背勢。

黏在推手時主要是控制對手的手臂三節，要由引帶梢節，控斷中節，封堵根節來完成。就是在對手的勁還未到梢節時，就將梢節将帶，可讓過對手梢節，把中節也就是肘部傳動的力斷掉，讓中節的力傳遞不到手上，由控制中節封堵住從根節的來力，使對手勁力不暢。

在推手和散手中控制對方手臂的三節，透過手臂的三節控制封堵對手的勁路，才能以黏制敵。在激烈的實戰打鬥中，除了控制手臂的三節，還要控制住對方身體及下肢的三節，也就是要用步黏住對方，造成對方不能走化的局面，這樣才能處處看死對手的中，拿住對手的背勢，處處提前，處處主動。

第四十一章　聞笑則喜

上士聞道，勤而行之；

中士聞道，若存若亡；

下士聞道，大笑之。不笑，不足以為道。

故建言有之：

　　明道若昧，進道若退，夷道若纇，上德若谷，大白若辱，廣德若不足，建德若偷，質直若渝，大方無隅，大器晚成，大音希聲，大象無形，道隱無名。

　　夫唯道，善貸且成。

　　上一章講「反者道之動」，主要突出一個反字。從天下失道，至復歸於道的過程，就是反。這一章繼續講反字，即道的真正內涵以及發生作用的方式與世俗人們的認識往往相反。

　　「反者道之動，弱者道之用」，是行走在大道上修煉的方向和方法。「萬物生於有，有生於無」，是道上防止走錯進入歧途的路標，這就是老子給出的修行指南。有了修行指南，如何在世間立道、行道？大家聽到後的反應又會是怎樣呢？老子也給出了答案。

　　「**上士聞道，勤而行之；中士聞道，若存若亡；下士聞道，大笑之。**」春秋時期，士人可以分為三等，即上士、中士、下士，指的是貴族階層。但是老子在這裡所說的上士、中士和下士三個等級，跟世俗社會中的等級不同，它是就認識水準上的高低而言的。

　　上士聽人講道的德行，能夠很快領悟到其中的真諦，並將領悟到的道理應用到實踐中去，以引導自己的行為，實現個人與大道的和諧統一。中士聽人講大道的德行，不能完全理解到德行的真諦，而且總是半信半疑，不能把領悟到的真諦應用到實踐之中，所以這種人沒有恆道，難以堅持，只能從教而變，也就是要不停的教導他才知道應該

怎麼做，不教導就不知。至於下士，他們聽人講大道的德，居然要往回反，還要守弱，這太可笑了。聽完後就會對得道之人進行嘲諷，更不用說運用大道的真諦去指導實踐，引導自己的行為了。

「**不笑，不足以為道。**」如果沒有受到大多數人的嘲笑，這個道也就不是真正的道。因為大道本自然而無爭，而大多數人喜爭好物，所以被可欲迷住眼睛的人能理解的都是小知，不是大道。這樣的人嘲笑的才是真道。可見，真正理解並奉行大道的人很少，與道合一的人就更少了。

「**故建言有之。**」所以古語說的話是有道理的。說了什麼呢？我們來看看。

「**明道若昧，進道若退，夷道若纇，上德若谷，大白若辱，廣德若不足，建德若偷，質直若渝，大方無隅，大器晚成，大音希聲，大象無形，道隱無名。**」有道的人體會道的無我無象，似乎讓人懵懂愚昧。行道通德的人返璞歸真，似乎讓人消極後退。立道修身的路，似乎讓人曲折坎坷。大道之德使人覺得一無是處、空無著落。知白守黑的太極境界，使人覺得像是有污漬。不言而教的德行使人覺得有欠缺。大德用的器皿太慢成功，似乎讓人慵懶怠惰。最大的聲音是聽不到的，最大的象是看不到的，因為大道無人跡可尋，就像是隱形的，功成而名不顯，被大多數人不理解，也是很正常的事情。

以前我師父沒出名之前，業內的人都知道他功夫好，可他教拳時，學的人就是不多。附近大家公認不怎麼會的一位老師，學生就是人多。老師講的太難，來的人都聽不

懂。我剛開始也聽不懂，去別的地方學了一年再回來才能聽明白。曲高和寡，可見一斑。所以要寬容地對待下士，對我們修煉太極拳者來說，很大程度上也是在修德。如果自視清高，不與還不明道，拳還沒入門的人士交往，一看到他們就冷眼相對，也就失去了道包容萬物的本性。如果能夠行不言而教，自然引導，讓人從太極拳中感悟修身養性的道理，這才是難能可貴的。

第四十二章　負陰抱陽

道生一，一生二，二生三，三生萬物。

萬物負陰而抱陽，沖氣以為和。

人之所惡，唯孤、寡、不穀，而王公以為稱。

故物或損之而益，或益之而損。

人之所教，我亦教之。

強梁者不得其死，吾將以為教父。

　　請注意，開始講氣了啊。道生一，道產生鴻蒙之氣或沖虛之氣，都是一樣的，名稱不同而已，統稱元氣。這個元氣是孕育天地萬物的。一生二，無極動生，太極來復。一氣化生陰陽二氣。二生三，陰陽二氣與沖虛的元氣合而為三。沖虛之氣生出陰陽二氣後，自身沒有衰減。就像人體元氣充實營衛二氣後，自身還是存在的。元氣越充足，二氣就越充足，反之，元氣衰弱，營衛二氣也就減弱了。三生萬物，光有陰陽二氣還不足以相合，產生萬物，需要

衝虛之氣調和，所以沖而用之，前面講過，下面還要講。

「**萬物負陰而抱陽，沖氣以為和。**」陰為形、陽為神。陰陽二氣相合而產生萬物，萬物必然帶有陰陽二氣的兩面屬性，這個屬性的陰多陽少還是陽多陰少是什麼決定的呢？沖氣決定的。就像生男孩生女孩是男人和女人決定的嗎？是相合時的機會決定的。沖氣就是造物之機，萬物包括人都不離於機。這個沖氣，我理解就是能量，由道產生的無窮無盡的能量，維持萬物的生長和平衡。

「**人之所惡，唯孤、寡、不穀，而王公以為稱。故物或損之而益，或益之而損。**」任何人都不喜歡鰥寡孤獨，不希望被人遺棄。這是人趨陽避陰的性格，然而王侯公卿常常稱呼自己為「孤」、「寡」、「不穀」，是因為萬物都是盛極而衰，強極則辱，所以才要返璞歸真修煉大道，因為與道合一才能長久。上古時，修身的高深境界，不管是不是處在人生的低谷，也不管是不是遇到諸多不如意的事情，都不為一時的得失而或喜或悲。

「**人之所教，我亦教之。強梁者不得其死，吾將以為教父。**」老子又罵人了啊，看看罵了什麼？強梁，強硬的房樑，對應柔弱。你教你的，我教我的，你教人強硬，我看這是不得好死。你這是只知道雄而不知道守雌，是要做教父啊。教父，不是做天下人的父親，是以人代天，教化萬民，以雄為道，這是不能長久的。從鍛鍊角度來說，只堅持力量訓練而不調和，必不長久。不信看看退役的運動員，大多傷病一身。一味用剛強的訓練方式，這不是養生保命的正道，是不可以長期鍛鍊的。

第四十三章　氣為至柔

天下之至柔，馳騁天下之至堅。

無有入無間。

吾是以知無為之有益。

不言之教，無為之益，天下希及之。

道為天下至柔，無道就會以強梁為尊，這是不能長久的。道以沖虛之氣為用，天下再強再硬的事物都是陰陽二氣所化成的，而沖虛之氣正是調和二氣的關鍵組織者。再堅硬的東西對它來說都可出入自由，縱橫馳騁。有的人把這裡解釋成水，也可以，老子也經常以水喻道。只是結合上下文來說，這裡氣更符合道的本性。

太極拳尚柔不爭，正是遵循無為而有益的道性。虛靜空無以修內，順遂自然而待人。而可應付剛強的來力，運用自如的，其根本就是體內的沖虛之氣，也就是先天元氣。

這裡把人體元氣重點講解一下。太極拳說到練氣，先說呼吸。有人主張一招一式去配合呼吸，我覺得這是不科學的。人的體質有強弱之分，呼吸也有長短之別，硬去配合呼吸，反而使拳架不自然，太極拳動作緩慢舒展，勁力均勻，呼吸深長，自然配合，何必強求！練氣養氣須先求心靜，心靜則神寧，神寧則氣歸，氣歸丹田則神氣完足，遍佈全身。

太極拳的氣，對應天地間的鴻蒙之氣，指的是人體中

的元氣，也就是先天自然之氣，是人體與生俱來的。中國傳統醫學認為「氣為血之帥，氣行則血行，氣血調合，陰陽平衡」。練太極拳時應動中求靜，透過以意導氣，訓練內在，使氣血遍部全身，均勻連綿，久而久之，便可充實血脈，潤澤臟腑，抵禦外力。

拳論曰：「以意行氣，務令沉著，乃能收斂入骨；以氣運身，務令順隨，才能便利從心。」王永祥老師也常說：「以意行氣，氣至則力必達，氣者力也。」這一時期，在沉穩力的基礎上，還要加強上拔下鑽的練習。總之學者要想達到意到氣到，氣到力到，周身靈敏的整體反應，必須經過長期的拳架、椿功和意識訓練。

太極拳是一種養練結合的拳術。和外家拳不同，它首先要強壯自身，先養好自己的身體才和外界對抗。養好自己的身體，不單單是腰不酸了，背不痛了，更重要的好處是內壯臟腑。

古人說：「一身之理，以陰陽二氣長養百骸，一身之內莫不含陰陽之理。」太極拳充分地運用了陰陽之道來解釋人體的結構，以及如何利用陰陽之道來調節身體機能，保持身體內在平衡，從而達到健身、養生的目的。內家拳都是把練習內氣看做是學拳的根本。中醫學把氣分為元氣、宗氣、營氣、衛氣等。氣既然是人體生命運動的動力，離開了氣，生命就要停止，所以，《難經•八難》指出：「氣者，人之根本也。」具體地說，氣在人體中有推動、溫煦、防禦、固攝和氣化的作用。

元氣是人體最基本的、最重要的氣，是先天俱來的。

體內元氣由腎中精氣所化生，起源於腎，彙聚丹田，通達全身。元氣也就是道家常說的「丹氣」。我們看見人剛生了大病或是身體虛弱，就會說他元氣大傷，便是指的他元氣不足。我們練拳要注意補充元氣，我在教學中常拿存錢和花錢來把比方，養元氣就是存錢，發勁打人就是花錢，沒錢了怎麼去花錢呢？只有元氣充足，練到氣貫帶脈，精力充沛，才能談到防身技擊與人爭雄。

元氣是先天之氣，後天從哪裡補充和鍛鍊呢？從中氣或稱宗氣中鍛鍊和補充。中氣是由清氣和水穀精氣結合而成聚於胸中，其氣幫助呼吸，推動氣血運行，是後天養成之氣。拳學大師王薌齋提出「空胸實腹」，就是用後天之氣以養先天之元氣。鍛鍊方法就是從站樁入手，先求鬆沉，氣貫帶脈。元氣充足可補充體內的陰陽二氣，也就是營衛二氣。

營氣屬陰，行於血液之中，具有運化營養的作用，又稱「營血」。由任督、十二經脈和奇經八脈運行，其氣營養全身。

衛氣屬陽行於脈外，皮膚骨肉之間，遍佈全身，無處不到。其氣維持人體內外環境的平衡，抵禦外邪入侵，安靜體內。練內家拳的人在正確的練功方法下，不久便會感到身體的某一部分麻、漲、熱。這就是氣感，是「營血衛氣」的感應。有些太極拳師可以內氣外放，這也是元氣充足補充衛氣的表現。

元氣充足，不但能改變人體的功能狀態，還能使人脫胎換骨產生意想不到的功效。

第四十四章　知止不殆

名與身孰親？身與貨孰多？得與亡孰病？

是故甚愛必大費，多藏必厚亡。

知足不辱，知止不殆，可以長久。

「**名與身孰親？身與貨孰多？得與亡孰病？**」名譽與生命相比，哪一個更值得我們親近？財富與生命相比，究竟孰輕孰重？得到與敗亡相比，哪個害處更大？

名望、財產、地位這三項和生命健康比起來，老子認為「**是故甚愛必大費，多藏必厚亡。**」過分熱衷名利就必定要付出更大的代價。甚愛，指過度貪戀。大費，大量消耗。過度貪戀名利就會消耗大量精氣能量。多藏，過度追求。過度追求財物必定招致更慘重的損失。老子不是不讓人追求財富，讓自己生活好一點這無可厚非，錯就錯在過分追求而不知滿足，也就是慾望無止境，這是一切禍患產生的根源。因此，做任何事都有適可而止。這才是愛己勝物，真正的熱愛生命。

太極拳有「開合一定間」的說法，重心在一定的範圍內轉換，不可以出尖，出尖就是過，就是不知止。意、力、氣都不可出可控的範圍，這樣才可以保證周身一體。

太極拳的運動規律，不論拳架或是推手、散手都不能破壞整體的均勻，任何蓄力或是發力都要在自己可以控制的範圍內進行。我師父講究去三分，留三分，還有三分衛自身。寧可打不了別人，也不能讓自己有危險。

很多練傳統武術的看不起現代武術，尤其看不起西方的格鬥術，如拳擊等。這恰恰是不自信的表現，在我看來拳擊的訓練方法是有我們可以借鑒的地方的，甚至是符合我們內家拳的技擊原理的。我經常讓學生去看泰森比賽的影片，泰森在比賽中常常步步為營，雙拳和身體形成弧度，上步時如球體運動，雙拳很少像其他拳手一樣長距離攻擊，而是用穩健的步法不斷將對手逼迫壓制，沒有把握的情況下很少出拳，在自己的範圍內給對手於猛擊。

太極拳或內家拳修煉者，一定牢記惜身和知止的道理，凡事有度。如過度事物就要向相反得方向轉化，這是自然的法則。只有惜身、知止才能長久

第四十五章　大成若缺

大成若缺，其用不弊。

大盈若沖，其用不窮。

大直若屈，大巧若拙，大辯若訥。

靜勝躁，寒勝熱，清靜為天下正。

大就是道，上一章講愛己勝過愛物，知止不殆（學生老笑我炒股票不知止，話說我不是不知止，是老忘了賣，不記得這個事，股票才老虧錢）。這一章，就要講虧己全道。

「**大成若缺，其用不弊。**」大成，完美的成就。弊，衰竭、損害的意思。得道的人要表現得有所欠缺。既然已

經獲得了極大成就，為什麼還要表現得有所欠缺呢？這是因為，大道天成，虧己全道、退身無名才能與道相合，能量作用才永不衰退。大成拳，從字面上看就是完美的拳，其實是意拳的別稱。王薌齋說：「拳本服膺，何來大成？」有道之士是不會這樣自稱的。

「**大盈若沖，其用不窮。**」有道之士以積大道為盈，不以積物為貴，物有終止枯萎的時候，道卻廣闊無窮，好像什麼也沒積下，能量卻用之不竭。

這兩句還是在繼續強調凡事要把握一個度，要適可而止，不要永無止境地追求圓滿無缺的狀態，因為這種狀態繼續發展下去，便會朝著相反的方向轉化。

「**大直若屈，大巧若拙，大辯若訥。**」直，這裡是通往道的正途。人以實為正，所以道的正和人的正相反，道以虛為正，所以要虧人全道。這樣做在普通人眼裡，不務實而務虛就不是直好像是走彎路。巧，技巧。真正通道的技巧好像是拙笨的，因為他們不會破壞自然之美，大自然的鬼斧神工才是大巧。道有大理，德有大法，都不會說出來，有道之士行不言而教，好像木訥行為卻合於大理大法。普通人不瞭解行道的正途，所以要求有道之士虧己全道，這也是給自己留有餘地，凡事留有餘地才可以進退自如。太極拳隨曲就伸，過猶不及就是這個道理。

「**靜勝躁，寒勝熱。**」燥，人心如火，靜可降心火，道寒如水，平心靜氣引腎水去心火，降心火以溫腎水，水火相濟，陰陽協調。太極拳動作要求的兩腎揉搓，和養生樁功都具有這樣的健身效果。

「清靜為天下正。」正，上一為天，人止於一，德合於天。虛靜內視，體察自身，抱一無離才能清淨無為。清淨無為是得道的正途，也是渾圓樁功成的標準。

第四十六章　知足常足

天下有道，卻走馬以糞；
天下無道，戎馬生於郊。
罪莫大於可欲；禍莫大於不知足；咎莫大於欲得。
故知足之足，常足矣。

「天下有道，卻走馬以糞。天下無道，戎馬生於郊。」對比天下有道和無道的後果。有道，馬匹用來灌溉農田，指天下安定太平。無道，戰馬生於郊外，指天下大亂，戰亂連年。

「罪莫大於可欲；禍莫大於不知足；咎莫大於欲得。」可欲，前面解釋過，這裡指貪戀名聲、地位、財富，代指失道。罪，大逆不道，最大的不道就是可欲帶來的無道。禍，就是害。不知足就是不知止，為滿足可欲而採取各種手段，就會有欺騙偽詐、巧取豪奪、發動戰爭等行為，所以不知足就是天下大亂、人心大亂的禍害。咎，災難。欲得，就是貪得無厭。貪婪對於統治者而言，就會把國家引向無窮的災難；貪婪對於普通人而言，就會把自己拖入眾叛親離的境地。

可欲、不知足、欲得，分別對應罪、禍、咎，是遞進

式的。有了奇怪非自然的慾望，就脫離了天道。不知足，不知止，就會用手段危害別人，地位越高危害越大。如果繼續貪得無厭，後果將會是災難性的。一切的根源就在於脫離了天道，不敬畏自然規律。

「**故知足之足，常足矣。**」老子說的知足不是通常大家理解的知足。不是本來可以活到八十歲的，活到五十就知足了。更不是可以賺十萬賺一萬就知足了，不是這個意思。而是通天道而知萬事萬物之不足，與道相合，常足全身的意思。

通俗解釋一下：因為明白自然規律，也知道自己的內心，透過修煉，知道自己可以健康的活到八十歲，到八十歲就是知足。知道自己的能力，也瞭解外部的環境，知道可以賺十萬，賺到十萬就知足了，能賺十萬，故意賺一萬這不是知足這是傻。反之，能賺到十萬想要十一萬就產生可欲，就是能力之外的慾望，就是不知足。

第四十七章　道在其內

不出戶，知天下；不窺牖，見天道。

其出彌遠，其知彌少。

是以聖人不行而知，不見而明，不為而成。

從字面上解釋大概是：不出家門一步，就能夠知道天下事理；不向窗外看一眼，就能夠瞭解大自然運行的規律。向外奔逐得越遠的人，懂得的也就越少。所以有道的

人不出行也能夠推知事理，不用窺望就能夠明曉，不去妄加施為就能夠有所成就。現代人一讀到這裡就覺得奇怪了，不是說要行萬里路，讀萬卷書嗎？老子怎麼說走的越遠懂的越少呢？

老子認為道在其內而不在其外，修心而不是修外物。「不出戶，知天下；不窺牖，見天道。」不是不觀察外面的世界，而是抱一合道，獨立守神，不為外界紛亂干擾，不被繁華外表而蒙蔽，注重內在的直觀體驗。「其出彌遠，其知彌少。」不要去外面去四處尋找道，道在內而不在外，出離內心去身外尋找大道，只能離道越來越遠。好多武術愛好者滿天下去找老師學習，還喜歡去所謂的武術之鄉，卻經常被漂亮的動作和言辭吸引，東學學西看看，心不定，怎麼能練出功夫呢？「是以聖人不行而知，不見而明，不為而成。」明白大道的人，明心見性，人在道中，不會去其它地方找尋，因為身邊處處是道。

現在人經常說：「不出門能知天下事。」是不是因為有手機啊？不是的啊，是因為修煉抱一為天下式，一點想通了，就全都通了。太極拳高手練通了內心與周身的道理，就不會去盲目行動，而一旦需要動，只用微小的動作就可以有很大的效果。如王薌齋先生說的：「大動不如小動，小動不如微動。」

第四十八章　損妄增益

為學日益，為道日損。

損之又損，以至於無為，無為而無不為。

取天下常以無事，及其有事，不足以取天下。

「**為學日益，為道日損。**」很容易明白，每天堅持學習練習，每一天都會進步，知識是無限的，學習也是不可以停止的。學道的人，每天也要堅持修煉，修煉一天就減少一絲妄念。這裡很多人說老子認為學習和學道有衝突。不是這樣的。我們練習內家拳或太極拳的人都知道，外強筋骨，內練氣血，這是必要的階段。一個初學者就讓他抱圓守一，怎麼可能嘛？有人說這裡的益是增加，損是減少，所以老子的意思是學習和修道背道而馳。這個認知肯定是不正確的。我覺得老子本意和我前面理解的意思是一樣的，如果不同意請往下看。

「**損之又損，以至於無為，無為而無不為。**」每天學道，每天減少妄念妄動，最後人道相合為一。前面講過，道有什麼特性啊，通達。一通百通，無有不通，才能無為而無不為。平心靜氣，認知自我，瞭解自然規律，這都是道的特性啊，這些特性不都是更有效率學習的必備條件嗎？由明道，知道什麼是適合自己的知識，知道什麼是有益的知識，知道什麼是正確而又真正需要的知識，這是老子的原意。

「**取天下常以無事，及其有事，不足以取天下。**」取，掌握。有道的人內心平靜，不容易被外界干擾，所以不用廢寢忘食的學習就可以掌握他需要的知識了。不會學習方法的人，天天苦讀，也難以掌握關鍵。學習、練功、

治理國家道理都是一樣的。在老子看來，就是順應自然規律和違反自然規律的區別。

第四十九章　德無常心

聖人無常心，以百姓心為心。

善者，吾善之；不善者，吾亦善之，德善。

信者，吾信之；不信者，吾亦信之，德信。

聖人在天下，歙歙焉為天下渾其心。

百姓皆注其耳目，聖人皆孩之。

「**聖人無常心，以百姓心為心。**」常心，進取心。有進取心是好事，可有道之士不能有。因為常心需要毅力來支撐，在毅力支撐下，常心會逐漸變為雄心。知其雄，守其雌，一旦有了雄心，就會長久不懈的追求而無止境。目的和出發點都是好的，可是已經出離天道的範圍，雄心不加以控制，就會打著為人造福的幌子聚斂財物，追逐權力，甚至殘殺無辜。聖人們是不需要有常心的，只要依自然規律按照天生的本心做事就可以了。就像我們經常說的以平常心看待人和事就好了。

「**善者，吾善之；不善者，吾亦善之，德善。**」善，說了好多次不是善良的意思。《道德經》裡的善都不能曲解為善良。這裡的善指親近自然，合於天道。不善，就是不按自然規律，背離天道。對於行事合於天道的人，用道合於他；對於背離天道的人，用道指正他，能這樣做的

人，就是有天德的聖人。

「信者，吾信之；不信者，吾亦信之，德信。」《道德經》裡的信，也不完全是誠信的意思。有真的意思，就是真心尊道，或者說是只相信真正的大道。尊奉大道，敬畏自然的人，用真正的道造化他；背離大道的人，也要用真正的道來改造、教育他，能這樣做的人，就是有真德的聖人。

「聖人在天下，歙歙焉為天下渾其心。百姓皆注其耳目，聖人皆孩之。」歙歙，收縮。渾其心，即使人的心思歸於渾樸。有天德的人要收斂自己的慾望，奉行天道自然，不言而教化天下人的心思歸於渾樸。如果人們都能正視本心，回歸自然的天性，那麼他們就可以利用自己的耳朵和眼睛去瞭解觀察有德的人。這時有德的人都可以回歸到赤子的自然純樸狀態之中了。

修煉太極拳修的是什麼？張三豐說：「欲天下豪傑，延年益壽，不徒作技藝之末也。」太極拳通家們當奉道助人，讓太極拳道幫助學練者強身健體，延年益壽，回歸自然。從學者關愛教化，離道者關心感化，一視同仁並無分別，使其同行大道，是太極拳體現的至德。

第五十章　出生入死

出生入死。

生之徒，十有三；死之徒，十有三；

人之生動之死地，亦十有三。

夫何故？以其生生之厚。

蓋聞善攝生者，陸行不遇兕虎，入軍不被甲兵。

兕無所投其角，虎無所措其爪，兵無所容其刃。

夫何故？以其無死地。

生死問題，人生第一大問題來了。哲學家都愛談這個。我們練太極拳，練習內家，只知道氣，就只談氣。人體和萬物一樣是由陰陽二氣和天地元氣造化而成。莊子說：「人之生，氣之聚也，聚則為生，散則為死，若生死為徒，吾有何患。」出生時氣聚在一起，死去後氣散去。散去哪裡了呢？回歸自然之中，等待下一次重聚。所以生死是連續循環的，死是生的延續，生又是死的開始，無窮無盡。莊子說的生死為徒，吾有何患，就是生死都是走在路上，生命循環，沒有什麼看不開的。上古大禹也說過「生者寄也，死者歸也」。出生後的只是寄於形體，死是回歸。出生入死，不過是生命循環。如果是這樣理解生死，那老子說的「生之徒，十有三；死之徒，十有三；人之生動之死地，亦十有三」究竟是什麼意思呢？

這裡後世解讀者的主要分歧就在於對「徒」的理解上，莊子說的徒應該和這裡徒的意思一樣，就是行走的意思。而不是代指人的貶稱，如酒色之徒、歹徒、登徒子等意思。所以老子的意思是，萬物被陰陽之氣造化後走在生的道路，躲過了無數風險，十分裡佔有三分；萬物被陰陽之氣造化後走在死的道路，天災人禍難以躲過，十分裡也占了三分。還有三分，如果靜心養身，就去了生的道路，

如果耗精損氣、不知乃止的話，就走上了死地。

　　老子這裡十分只說了其中九分，是讓人自己悟到剩下的一分，一者道也，一就是無為的妙用，所以妙不可言。我師父說：「太極拳是去三分留三分還有三分衛自身。」我教拳時也愛這麼說，學生經常問我還有一分哪裡去了呢？這裡一併回答了。

　　「蓋聞善攝生者，陸行不遇兕虎，入軍不被甲兵。兕無所投其角，虎無所措其爪，兵無所容其刃。夫何故？以其無死地。」後面這幾句就比較好理解了，善於養生之人不會遭受鋒利刀劍、兇猛野獸傷害的緣由，就是善於養生之人順應天道，依照自然規律行事，外患便不能靠近他的身體，所以也就不會因外患而陷入死地。

　　太極拳聽勁功夫大成之後，感知外在已達出神入化的境地。心念微動便能感知自然環境是否出現變化，進而趨吉避凶，不會陷入到危險之中，更不會讓自己進入險地，就算遇到突然的危險，也能應物自然，轉危為安。

第五十一章　是謂玄德

　　道生之，德畜之，物形之，勢成之。

　　是以萬物莫不尊道而貴德。

　　道之尊，德之貴，夫莫之命而常自然。

　　故道生之，德畜之。長之育之，成之熟之，養之覆之。

　　生而不有，為而不恃，長而不宰，是謂玄德。

　　「道生之，德畜之，物形之，勢成之。」萬物之所以能夠生長，就是因為其順應了客觀的自然規律，所以萬物由「道生之」。萬物由道生出以後，德，為用。開始承擔起教養萬物的責任，為「德畜之」。道和德共同構成了完整的「道德」體系，萬物由道生，由德養，用陰陽二氣為之塑形。所以萬物的外形是不可改變的，我們說「身體髮膚受之父母」就是這個意思，外貌是天生的，也是這個意思。萬物生出來了，外形也塑造好了，也有陽光雨露滋養了，是不是就可以生長的好了呢？還要看能否應天運、順自然。時節環境都是有變化的，這就是運。可以應變，運變的好就可成勢。

　　人生下來，命就定下來了，命由天定。而運卻是不斷變化的，是於天、地、環境、他人的際遇、後天的因素來改變，有天運、時運、人運。人應天德而生，應運而變。這就好比開車，車不能改變，路卻可以選擇，所以命運要上升到道的高度才能看透。

　　「是以萬物莫不尊道而貴德。」一個負責生，一個負責養，就好像父母一樣，怎麼能夠不尊敬他們。

　　「道之尊，德之貴，夫莫之命而常自然。」做為道德的孩子，萬物聽他們的話不是自然的事情嗎？所以，對自然界的客觀規律的遵從和運用，是自然而然的天性和本能。萬物順其自然地誕生，又自然而然地發展，並經由遵循自然規律而生生不息。

　　「故道生之，德畜之，長之育之，成之熟之，養之覆之。」生下來就要養育成長，不言而教讓萬物成熟，學會

保護自己的技能，繁衍後代，學習道德的方法養育後代。人也是這樣，有死有生，繁衍生息，自然地生育教養後代，這就是道德賦予的基本使命，所以古人對絕後，看的最重，因為香火斷絕，就是失去天道的大事。現在有人說生不生孩子是自己的事，想生就生，不想生就不生。這就是天下失德的表現。

「生而不有，為而不恃，長而不宰，是謂玄德。」與前面第十章是一個意思，老子又一次強調通達大道的德，也就是最高道德的標準。天地生化萬物，養育萬物，而不據為己有；產生雨露潤澤萬物而不居功；以無為而有為，任萬物自然的生長而不亂來。天的德是這樣，聖人也就是有道之士，對自己的要求也應該是一樣的。

從人的角度來說，生養教育後代，兒女尊重敬愛父母都是自然事情，不能將兒女據為己有，用禮法來約束他們。生育他們而不拘繫自有，成就他們而不執為仗恃，這是道家和儒家本質上的不同。

第五十二章　抱一守柔

天下有始，以為天下母。

既得其母，以知其子；既知其子，復守其母，沒身不殆。

塞其兌，閉其門，終身不勤；

開其兌，濟其事，終身不救。

見小曰明，守柔曰強

用其光，復歸其明，無遺身殃，是謂襲常。

「**天下有始，以為天下母。**」追根溯源，道通於無，無中生有，有分陰陽，陰陽二氣造化萬物，所以萬物都有共同的母親。

「**既得其母，以知其子；既知其子，復守其母，沒身不殆。**」瞭解了道的本性，就會瞭解萬物的本質。萬物的本質都通曉了，就還復歸大道，抱一不離，固守本心，就會得到長久的平安寧靜。這裡強調的是抱一。

「**塞其兌，閉其門，終身不勤；開其兌，濟其事，終身不救。**」這一句有意思。「兌」在《易經》裡是「口」的意思。塞其兌，不聽別人的說話。閉其門，把別人的門關上。不聽別人亂解釋道理，不開門聽別人的無謂教誨，就可以終身不走錯路。聽一些歪理學說以為這才是濟世良方，那就誰也救不了你。為什麼會這樣呢？因為前面已經明白了道德的根本，又瞭解了萬物的本質，這時就要守本心不變，不能為外象所迷。就像第十二章裡說的「五色」、「五味」和「五音」，如果被事物的外貌景色迷惑，就會讓眼睛被萬物的「有」蒙蔽，而不見大道的虛無本性；沉迷於聽覺上的享受就會聽不到自然界的天籟；沉迷於美食帶來的刺激，就會讓人味覺麻痹，體會不到自然的恬淡甘冽；沉迷於玩樂，就會讓精氣外泄，內心難以守一虛無，就會亂而發狂。如果一直這樣，就會把心思用在珍貴華麗的物品上，而貴物輕道，離道越來越遠。所以要以腹為目，才能「見小曰明，守柔曰強」。

「見小曰明，守柔曰強。」從小到無跡可尋中就可明道，守柔為弱，弱者道之用，所以叫做強。這裡強調的是守柔。

「用其光，復歸其明，無遺身殃，是謂襲常。」光指德，用德為光來引路，回歸到大道。有道的光明，就不用擔心災禍。這就是常道。

這裡探討的第一個關鍵點就是抱一。無極為母，太極為子。拳論曰「太極者，無極而生」，所以太極為無極所生。太極為氣，「道自虛無生一氣」。一氣就是一。所以抱一就是抱元氣。心神虛空通道，心為母。以心抱氣，就是母抱嬰孩。抱一為天下式，就是心氣合一，母子不離。心神與氣合，可以號令周身氣血、外在肢體，高度協調統一，這就是《黃帝內經》說的「肌肉若一」。

具體練習方法，請參考《以心悟道練太極》。第二個關鍵是守柔為強，這個我們在後面第七十八章具體講。

第五十三章　介然有知

使我介然有知，行於大道，唯施是畏。

大道甚夷，而民好徑。

朝甚除，田甚蕪，倉甚虛。

服文彩，帶利劍，厭飲食，財貨有餘。

是謂盜誇。非道也哉

「使我介然有知，行於大道，唯施是畏。大道甚夷，

而民好徑。」這兩句比較好理解，大意是「我對道稍微地有了些認識，與道不離，就可以行走在大道之上，唯一擔心害怕的就是走上歧途。其實大道十分平坦寬闊，可是有的人偏要捨棄大道而喜歡尋覓小路捷徑。」「抱一為天下式」大道的要求就這麼簡單，無論修身養性還是齊家治國都尊天道自然就可以了，可有的修行練習者，非覺得人智大於天道，喜歡尋求捷徑，這就背道而馳了。

　　這一句有爭議的就是介然，在古文裡有細小，微小的意思，也有堅定不移的意思。還有的解釋為忽然有。我覺得理解為「忽然有」好一些，比較貼近道理。於鴻蒙孕育中豁然一絲開朗，心有感即明，就是介然有知。

　　「**朝甚除，田甚蕪，倉甚虛。服文彩，帶利劍，厭飲食，財貨有餘。**」朝，指國家。服文彩，古時章服制度，文彩是服裝上的花紋，貴族分有十二章，地位越高花紋越繁瑣。帶利劍，指的是佩劍之禮，佩戴的劍按身份分規格。厭飲食，不是不愛吃飯，而是指古代的食禮，繁瑣複雜到讓人厭煩。這句話就是說，走上歧途離經叛道後國家衰落，田園荒蕪，倉庫都已空虛。卻還在搞什麼恢復古禮制度，讓人分階級來管理，幻想以禮來齊天下，知不知道，這都是佔有了下等人的財物，來滿足上等人的可欲。

　　「**是謂盜誇。非道也哉。**」老子接上文罵道：「你這不是欺世盜名的盜賊是什麼？搞的這些事和大道一點關係也沒有。」老子在罵誰已經很明顯了，老子為什麼寫道德經，闡述什麼是道德，來批評孔子的儒家思想？至少從表面看孔子那麼尊重老子，就算哲學思想不同也可以探討，

沒必要罵吧？原因有一些猜測和想法我們後面慢慢講。

太極拳發展到今天，有很多老師打著發展太極拳的旗號，另闢蹊徑，人為的加了好多莫名其妙的拳理拳法，這也挺好，百花齊放啊，可是和太極拳真沒什麼關係。

我曾接待了一位拳友，專門來請我看看他老師編的太極拳，看完後，我只能說編的挺好的，就是一點，不是太極拳。完全不符合太極拳的道理，就是慢慢的幾個動作，怎麼就是太極拳了？不是活動的慢就是太極拳，烏龜也不可能是太極拳高手。太極拳要以不丟不頂為根本，這就是拳道的德。太極拳立德後要行於道，只能往回練，回歸赤子的淳樸天性。赤子的淳樸天性是什麼樣子呢？後面章節會具體講到。

第五十四章　知己知彼

善建者不拔，善抱者不脫，子孫以祭祀不輟。
修之於身，其德乃真；修之於家，其德乃餘；
修之於鄉，其德乃長；修之於邦，其德乃豐；
修之於天下，其德乃普。故以身觀身，以家觀家，
以鄉觀鄉，以邦觀邦，以天下觀天下。
吾何以知天下然哉？以此。

「善建者不拔，善抱者不脫，子孫以祭祀不輟。」看了這一句第一反應就是說的好絕對，世界上哪裡有豎起東西永遠拔不掉、抱住東西永遠不脫手的呢？仔細想想才明

白，老子這裡不是說物而是在說道，只有內心堅定不移的尊奉大道，瞭解外物的自然規律，並捨棄外物而修煉自身，德就積累下來。根本不用豎起什麼來，建立的德就不可能被拔掉；抱的是道的虛無，好像什麼都沒有，抱持就不會鬆動，這樣的境界，會自然永遠流傳。

中國人講究傳承，這種傳承是靠儀式和香火流傳下去的。數典忘祖，在中國文化裡是非常讓人看不起的行為。認為這和禽獸沒有區別。祭祖和我們的拜師儀式都是為了讓後輩瞭解根在哪裡。這一句老子明裡說道，暗裡也在諷刺儒家和孔子，花費力氣建立禮法，好像可以萬世不移；聚徒眾抱團，好讓後世祭祀，卻不知真正的道是不用做這些事的。所以大師們只要祭奠好天地祖宗，做好自然的傳承就可以了，不用豎大旗，謀虎皮。

「**修之於身，其德乃真；修之於家，其德乃餘；修之於鄉，其德乃長；修之於邦，其德乃豐；修之於天下，其德乃普。**」修，就是修煉。修煉到了返璞歸真就是上德了，用這種自然無為的德行修身，那麼就會瞭解內心真實的需要，明心見性，修道為真；用自然無為的德行理念齊家，那麼家庭也會變得富裕起來。為什麼呢？夫妻之間也為陰陽，中間要有和氣為調節，明心自然產生和氣，所以家和萬事興，和氣生財就是如此；用自然無為的德行理念與鄉鄰相處，那麼鄉鄰之間也能親密和睦，這裡不是獨立保身，你好我好大家好，而是行不言之教，讓大家明白自然規律的重要性，恢復淳樸的天性；以自然無為的德行理念治理國家，只要不生妄念，不見可欲，那麼國家也能興

旺發達起來；以自然無為的德行理念來向天下行道，大家都保持質樸的內心，都能感受到自然的滋養，就會自覺的清除不健康的異端學說，天下就會太平。

「**故以身觀身，以家觀家，以鄉觀鄉，以邦觀邦，以天下觀天下。**」內觀自身，是修身之本。把自己釐清楚了才最重要。太極拳的聽勁，最後聽的是自己；太極拳的推手，最後是自己不能和自己頂；站樁最後守得是內在的小天地。以道修身可以延年益壽，融入自然。以道齊家，可以家庭和睦，生活如意。以瞭解自己的方式瞭解別人，可以知己知彼，瞭解別人的需求當然可以和睦鄰里，團結團隊，基業長青了。所以老子最後說：「**吾何以知天下然哉？以此。**」我為什麼會瞭解天下的事呢？就是靠這個方法。用我們太極拳的行話說，就是聽勁好，聽明白了自己，又聽明白了別人，自己還立身中正，不丟不頂，心念不動，神不出尖。當然可以人不知我，我獨知人，知己知彼，百戰不殆了。

第五十五章　赤子握固

含德之厚，比於赤子。

毒蟲不螫，猛獸不據，攫鳥不搏。

骨弱筋柔而握固，未知牝牡之合而朘作，精之至也。

終日號而不嗄，和之至也。

知和曰常，知常曰明，益生曰祥，心使氣曰強。

物壯則老，謂之不道，不道早已。

　　這一章就是講修道立德之人的最佳狀態。無為大道修煉到最高鋒，所能達到的最高境界，就是回歸到無我的淳樸赤子狀態。把得道之人比喻成了赤子，這是因為赤子無我、無為、無欲，不會傷害任何事物，因此也不會招致外物的傷害。

　　「**骨弱筋柔而握固，未知牝牡之合而朘作，精之至也。**」握固，嬰兒總是攥著小拳頭的樣子。嬰兒雖然對人沒有傷害之心，但他也不是軟弱可欺。他的小手雖然很柔軟，但是非常有勁，攥東西的時候手握得十分牢固，很難將其分開。人死亡時又叫撒手而去，死時手會放開是因為肝氣已絕。嬰兒的小手力量握起來很大，就是肝氣充足的表現。

　　牝牡之合，指男女之事。朘作，男嬰生殖器勃起的意思。男嬰不知男女之事而生殖器會不自覺的勃起，是因為腎氣充足。腎主骨，肝主筋，骨弱筋柔不頂，握固不丟，肝腎兩旺，精氣而至。比如人到中年，盛極而衰，還不知收斂，縱慾無度，就會腎精虧虛，把自己身體搞壞了。這時就要重新尋找走過的來路，恢復到握固。明道而立德、修之於身。

　　太極拳譜說：「太極之武事，外操柔軟，內含堅剛，要求柔軟之於外，久而久之，自得內之堅剛，非有心之堅剛，實有心之柔軟也。」這裡的有心柔軟也是著象了，應該是堅剛柔軟都是一回事，和我沒有關係，周邊自然如何我就如何。

「終日號而不嗄，和之至也。」成人要是哭一會就會口乾舌燥、聲音沙啞，氣逆胸悶。而嬰兒天天哭叫長嚎也不會哭壞。這是什麼緣故呢？按道理說精氣再充足也會傷身啊？這是因為嬰兒喜哀不入於心，喜哀只是應萬物自然變化，而不生好惡。內心與外在自然相合而不相爭。所以老子稱：「和之至也。」這是和氣的最高境界，也就是太極拳養生修身的最高境界。中和之道化外力於無形，正也是太極拳防身的妙用。

「知和曰常，知常曰明，益生曰祥，心使氣曰強。」和，指陰陽調和，中和之氣可調陰陽二氣。人的身體，陰陽調和才能健康，凡事過猶不及，物極必反。陰陽有度，自然循環換，就是太極拳調理的功效。常，自然規律。瞭解了自身和外物的規律，知人知己，就是明於道。益生，一邊縱慾一邊貪生。祥，這裡是不好的徵兆。一邊縱慾無度，不知乃止的道理，一邊又想健康長壽，怎麼辦呢？就會做一些莫名其妙的事，比如吃些補藥，修一些某某大法，這一定是會讓身體出問題的。心可指揮氣，但心意過分使用氣機效能就是逞強。我們說心中生氣，就是這個意思。你看嬰兒心裡會生氣嗎？所以逞強不是真的強，老子說過什麼是真正的強，守柔曰強。

「物壯則老，謂之不道，不道早已。」事物過於壯盛就會走向衰老，這就違反了道的法則，應該復歸，往回走，尋找來時的路。如果還不遵守道德這個修煉的方法，就會很快消亡。

這一章詮釋的道理，對修身養生來說實在太重要了。

第五十六章　知者玄同

知者不言，言者不知。

塞其兌，閉其門，挫其銳，解其紛，和其光，同其塵，是謂玄同。

故不可得而親，不可得而疏，

不可得而利，不可得而害，

不可得而貴，不可得而賤。

故為天下貴。

上一篇，老子展示了修道立德之人身心統一的最佳狀態。這一篇緊跟上文，繼續講通達大道後在實際生活中應該如何做。

「**知者不言，言者不知。**」通曉大道奧秘的人不會張口閉口大道。天天誇誇其談的人一定是不瞭解大道的人。前面反覆講過，立道之人，要行不言而教，不是不說話，而是不說廢話、假話、空話。不用浪費時間把道理掛在嘴上時刻討論。莊子說：「不形之形，形之不形，是人之所同知也，非將至之所務也，此眾人之所同論也。彼至則不論，論則不至。」大家都知道的事，人們很熱衷的去討論，有道的人知道也不會去參加討論，因為這不是他追求的。參與討論的人，是不會知道有道之士真實想法的，因為他們一定不懂真道。

「**塞其兌，閉其門，挫其銳，解其紛，和其光，同其塵，是謂玄同。**」塞其兌，不聽別人的說話。閉其門，把

別人的門關上。不聽別人亂解釋道理，不開門聽別人的無謂教誨，就可以終身不走錯路。聽一些歪理學說以為這才是濟世良方，一輩子誰也救不了你。為什麼會這樣呢？因為前面已經明白了道德的根本，瞭解到了萬物的本質，這時就要守本心不變，不能為外像所迷。挫其銳，解其紛，和其光，同其塵。是沖虛大道在以太極拳為載體的具體用法，虛化其鋒銳，無視紛雜的招式，使對手被我之包羅萬象的虛無所籠罩，而化於無形。和光同塵不是與世無爭，也不是太極拳的捨己從人，而是隨曲就伸，使對手之力無所持，制敵於無形。

這裡千萬不要誤會老子是教人忍氣吞聲，同流合污。也不要誤會太極拳是只能養生而不能制敵，太極拳是我順卻讓對手背，拳諺云：「入我機關死不知。」玄，道也。與大道光明相合，與道德無所不在相同，才是玄同。

「故不可得而親，不可得而疏；不可得而利，不可得而害；不可得而貴，不可得而賤。故為天下貴。」貴，貴重，這裡是尊重的意思。達到玄同境界的人，對任何人都不分親疏、利害、貴賤，只在乎可不可以傳承道的真意，這才會為世人所尊重。

第五十七章　以正用奇

以正治國，以奇用兵，以無事取天下。

吾何以知其然哉？

以此：天下多忌諱，而民彌貧；民多利器，國家滋

昏；人多伎巧，奇物滋起；法令滋彰，盜賊多有。

　　故聖人云：我無為而民自化，我好靜而民自正；

我無事而民自富，我無欲而民自樸。

　　這一章大意是：「以清靜無為的常道來治理國家，以出其不意的方法來用兵，以不擾害人民來治理天下。我怎麼知道是這樣的呢？根據在這裡：天下的禮法多了，百姓就越加貧困；民眾的思想複雜了，國家就越混亂；人們的可欲機巧多了，邪說怪物就越容易來；律法越是森嚴，觸犯法律的人便越多。所以有道的人說：我若無為，百姓就會自正；我虛靜守一，不生妄念，百姓自然就會走上正道；我不沒事找事，百姓自然富足；我沒有可欲，百姓自然就變得淳樸。」

　　這一章從前面幾章的修身修德講到了治國和用兵，其都是一樣的道理。明大道小可修身、大可治國，修身治國在老子的眼裡沒有區別。

　　正奇二字正合太極拳的體用。太極拳是以正修身、用奇應人。

　　心靜用動，以柔用剛，以慢用快。心靜是體悟入門之本，柔順是為了筋強骨健，以養肝腎，慢練是為了體悟形不破體，力不出尖的周身一家。這些要求可以使身體內外中正安舒，平心靜氣，是平常時練功的正道。在應敵時要以心運身，用動應人。以靜制動，不是不動，而是靜心聽對手明勁。判斷後應用時都是運動的。肢體柔軟，不代表不會發力，傷人制人，當場不讓步，抬手不留情，都是剛

勁。對敵時還慢慢的嗎？太極拳和內家拳是時機把握的更好，所以出手會更快。交手時高速運動，需要在移動變位的瞬間來判斷守中用中，無論守中還是用中，都是為了制勝，要配合間架和步法、身法、手法來選擇方位。

無論正面進擊還是側面進擊，都要選取進攻的路線。進攻的路線分為直線和斜線，直線是直來直去，迅捷快速，以進退步為基礎直取對手中線，可控可發。斜線以三角步方式偏鋒側進、貼身而入，要出其不意，攻其不備，斜進而正擊，三角效應，似偏實穩，似危實安。這就是以正修身、用奇應人。

第五十八章　福禍相依

其政悶悶，其民淳淳；
其政察察，其民缺缺。
禍兮福之所倚；福兮禍之所伏。孰知其極？其無正也。
正復為奇，善復為妖。
人之迷，其日固久。
是以聖人方而不割，廉而不劌，直而不肆，光而不耀。

這一章繼續討論正道是修身治國之本。

「**其政悶悶；其民淳淳；其政察察，其民缺缺。**」以正道寬厚無為治國，百姓就會變的淳樸。上面條條框框的禮節和法令很多，就是無道，上面無道，下面的百姓就會缺乏上德，就是缺德。

「禍兮福之所倚，福兮禍之所伏。孰知其極？其無正也。」有時感覺是災禍，反而帶來了幸福。有時看起來是福，卻暗藏著災禍。這一句大多解釋成辯證法，說明天道無常，事物都有兩面性。這種認知不是很全面，老子在這裡真正要表達的是過猶不及。明明是喜慶的事情，為什麼會有災禍發生呢？就是樂極生悲。

事物走到極點就會向相反的面轉化，太極拳技擊時，明明再加一把力，就把對手打倒了，可就是這一點，就出尖了，本來是對手有問題，現在就變成自己有問題了，這就不符合中正的拳道了。明明被對手全面壓制，對手卻著急取勝，出尖破體，在全面被動之下出現了一線生機，這就是否極泰來。

為什麼說老子這裡不是要強調事物的兩面性呢？就是下面的自問自答，「孰知其極？其無正也。」事物為什麼會走到極端呢？是因為沒有以正修身，沒有以正治國。上一篇我們探討技擊時說應該出奇制勝，現在又說要正，不能出尖，是不是矛盾呢？形不破體，力不出尖，是大的原則，一旦破壞了這個原則，就算當時打敗了對手，也會包藏著後患，這一次覺得好用，就會按照這個原則練習，那就會離太極拳道越來越遠。太極拳或內家拳的出奇制勝是完全出乎對手的意料，而不是不守正。料敵機先、知我知人才是制勝的關鍵。

「正復為奇，善復為妖。」喜歡捨正用奇的人，就會喜歡走捷徑，因為見效快，明明是好心可是走了極端就會變得更壞。

就像一些健身方法，說是開發身體潛能，過度鍛鍊，消耗精氣。還有中西醫之爭，為了快點好，飲鴆止渴，物極必反，這不一定是好事。

「**人之迷，其日固久。**」人們對這些可以快速見效的、美觀的、給人極度愉悅的、極度有力量的事物迷信好久了。所以才有災禍會發生。

太極拳也是這樣，人們要不就喜歡太極拳的體操美觀化；要不就迷信太極拳的摔跤頂牛化；還相信爹是高手，兒子一定是大師的氏族化。這種迷信不是一天兩天的事了。等到被現代格鬥一衝擊，就又開始全面否定，也不看看這些年大家都幹了點啥。

「**是以聖人方而不割，廉而不劌，直而不肆，光而不耀。**」那有道的玄德之士應該怎麼做，才能長久的平安喜樂呢？老子的偉大就在於提出問題，同時也提供解決問題的方法。這裡他建議按下面的四點要求做就可以了。

方而不割。方，正，這裡指遵守大道玄德。不割裂道和人的聯繫，保持本性，用現在的話說就是不忘初心。

廉而不劌。廉，正而有棱。劌，傷害。有自己的原則和銳利，卻不傷害別人。道家不會用嚴刑峻法來壓制別人。

直而不肆。正曲為直。幫助別人走上正路，卻不居功不自傲，不能為了幫助人悟道就肆無忌憚的妄為。

光而不耀。這裡指天德明亮。耀，閃爍刺眼。光明而不耀眼，有道的玄德之士「用其光」，但又必須「和其光」，用與道合一的德行來進行不言而教，而不自彰。

第五十九章　深根固柢

治人事天，莫若嗇。

夫唯嗇，是謂早服；早服謂之重積德；

重積德則無不克；

無不克則莫之其極；

莫之其極，可以有國。有國之母，可以長久。

是謂深根固柢，長生久視之道。

「治人事天，莫若嗇。」嗇，不完全是很多人解釋的吝嗇，節儉。這裡是收斂、收藏，保持虛空的意思。治人事天就是保養精氣、養護身心。嗇，上古時有愛的意思，這裡可以引申為要養護好身心，最重要的就是維持空虛的狀態，愛惜節省精氣。

「夫唯嗇，是謂早服。」這裡的「早服」，意為及早服從、及早從事。知道了嗇的道理，就要早早開始實行。我這裡經常有好多人來問怎麼鍛鍊？怎麼防治慢性病？說起來身體差的好嚴重好想練習，就是不見開始。前幾天還碰到一位朋友，說好喜歡太極拳，也學了好久，就是沒時間練。這裡要多說一句，越早開始站樁、練氣越好，為什麼呢？看下一句。

「早服謂之重積德。」德指的是大道的玄德，也就是天德或上德。從養生角度，越早開始積藏的精氣越多，元氣充足，身體抵抗力越好。修煉越早越容易返璞歸真，天人合一。積德，這裡是修天道積玄德的意思，越修煉離道

越近，玄德越厚。

「重積德則無不克；無不克則莫知其極。」這兩句話指出了積累天德所能達到的境界。其中，「無不克」指的是無所不勝，能戰勝一切。只有做到精氣充足、自然淳樸，無為而為就可以戰無不勝、攻無不克。

實際上「無不克」並非專指戰爭，還指各種困難和挫折以及外邪疾病。一個人能夠做到無不克，他必然是高深莫測的，普通人也就無法揣測他的思想。太極拳做到攻無不克必然是練到了「人不知我，我獨知人，英雄之所向無敵矣」的神明境界。

「莫之其極，可以有國。有國之母，可以長久。」從內家拳的修煉角度來講，練到了神明境界就可以開宗立派了。但先決條件就是「有國之母」。對應《道德經》前面說的教父，就瞭解國母就是國本。用其光守其明，知其雄守其雌，道生萬物，萬物不可離道，所以國母指的是大道。遵循大道無論修身齊家，還是開宗立國就可以保持長久。所以厚積玄德可以開創事業，抱一不離可以長久。王薌齋先生說過，一個門派拳種，剛開始時都虎虎有生氣，過不了三代就開始衰退了。就是因為後輩弟子亂解拳意，離開了厚積根本，抱一守柔的修行大道，離拳道本意越來越遠。

「是謂深根固柢，長生久視之道。」柢，為本。德厚才是根本。久視，有光才可見。從修身長生來講，就是積精氣為根本，抱空虛為光明大道。

內家拳要想深根固柢，千萬重視站樁和試力，這是能

不能入門的重要階段，重要性怎麼強調都不為過，其中就包含了武學上的兩個不傳之秘，看似簡單，實則艱難。現在很多老師對這些秘密都有公開，希望學者珍之、重之。

第六十章　德交歸焉

> 治大國，若烹小鮮。
>
> 以道莅天下，其鬼不神。
>
> 非其鬼不神，其神不傷人。
>
> 非其神不傷人，聖人亦不傷人。
>
> 夫兩不相傷，故德交歸焉。

「治大國，若烹小鮮。」現在大都理解成治國很簡單，就像煎小魚那麼容易。老子不是這樣的意思啊。大國，不是指當時的諸侯國，也不是現在意義上的國家。而是指以天子都城為中心的普天下。治理天下就好像煎小魚，第一不能火太大，火大容易焦，所以不能過，不能急，這就是太極拳的過猶不及。可也不能火太小，要恰到好處，不急不緩，不丟不頂，拳論說「差之毫釐謬以千里」，就是這個意思。第二是不可不停翻炒，翻多了會碎掉。就是不生妄念，不妄動。必須小心謹慎。太極拳的意、氣、力不可輕易出尖，都要固守本心空虛，才能應物自然。第三就是不能加多了調料，調料加的過多就會破壞魚本身的鮮美。就是不見可欲，保持自然。這就是大道不爭而爭的道理。可見煎小魚不是個簡單的事。

「以道蒞天下，其鬼不神；非其鬼不神，其神不傷人；非其神不傷人，聖人亦不傷人。夫兩不相傷，故德交歸焉。」鬼神信仰由來已久，鬼神是否真的存在呢？在中國遠古文化中，神有三種含義：

一為天神，就是老天爺，昊天上帝，也就是天道。所以上帝是中國的最高天神。把基督教的神翻譯成上帝不是很貼切。二是山川湖海風雨雷電的自然之神。中國人最是敬畏自然，不像西方人最是破壞自然。現代我們毀壞自然是和西方文化入侵有關，中國幾千年都是崇敬自然之神的。三是祖先。這三種神是祭祀的正神。正神有力量，這裡代表天道。還有一些民間祭祀的是一些精怪，如動植物成精等都不能稱為神。鬼和魂同義，離開體魄，無法安居，沒有六識。有廟祭祀供應能量的鬼可為神，無廟祭祀的就是遊魂野鬼，這裡代指力量很小。

「以道蒞天下，其鬼不神。」就是以天道治理天下，就不會有鬼怪來說自己是神。以道來練習太極拳就不會有人裝神弄鬼來你面前裝大師。

「非其鬼不神，其神不傷人。非其神不傷人，聖人亦不傷人。」不是鬼怪裝的不像，是我們不傷害天道，天道也不會傷害人，如果鬼怪當道，必然傷天害人。

「夫兩不相傷，故德交歸焉」，有道之士與道相合，想用這個本事傷害人，太容易了。可他們卻兩不相傷，什麼叫兩不相傷？一是勝過別人卻不傷害別人。二是勝過所有人卻不傷害天道，把功勞說成是自己的就是傷天。不立人德於天下，最後把功勞都歸於大道。

第六十一章　以靜為下

大國者下流，天下之牝，天下之交也。

牝常以靜勝牡，以靜為下。

故大國以下小國，則取小國；

小國以下大國，則取大國。

故或下以取，或下而取。

大國不過欲兼畜人，小國不過欲入事人。

夫兩者各得所欲，大者宜為下。

　　本篇講大國與小國間的關係。古時候的大國只有中國，其他都是諸侯國，再遠就是蠻夷戎狄，化外之地，都是沒進化好，不通天道的化外之民，這些人老子是不承認他們有國家的。所以大國對於小國就是天下之牝，是他們的母國。

　　「大國者下流」，就是虛懷若谷，江河自然就會彙聚於海。

　　「牝常以靜勝牡，以靜為下。」牝為雌柔，牡為雄剛。牝為靜，牡為動。靜可以制動，柔可以克剛，所以靜和動之間的關係就像大國和小國的關係一樣。動之則分、靜之則合。分是分陰陽，動就是分為陰陽的轉換過程，就是太極。靜之則合，靜就是與道合為一體，就是無極。

　　太極者，無極而生。動極而回歸就是靜，太極拳的運動都是為了最後可以靜下來。太極拳想要靜下來，最好以站樁入靜，能入靜的練習者在樁功中可以很快找到感覺，

效果就很明顯。

入靜是要凝神、靜氣。很多練功者天生喜靜，這樣的練功者只要平心靜氣，按照要求做好功法的放鬆，感到放鬆到腳，就能排除雜念入靜練功了。如感到還不能入靜，可用深呼吸，默想向腳心放鬆沉氣，使精神放鬆達到入靜的狀態。如這種沉氣法仍不能入靜的話，說明練功的人難以專心，這時可用精神假借的方法入靜。

「故大國以下小國，則取小國；小國以下大國，則取大國。」很多專家按字面上的解釋是：「大國對小國謙虛卑下，就可使小國歸附自己；小國對大國謙虛卑下，就可取得大國的支持。」這是不通大道的解釋。大國不是因為大，而是行天道，積厚德，就會像海納百川一樣吸引小國來依附。反之，大國無道失德於天下，小國有道積德就會取而代之，成為容納百川的大海。

太極拳修煉的人不是靠謙虛吸引別人來修煉的，而是明白真正符合拳道的理論和有效的方法。固守本心，培養精氣才是守道養德。

「大國不過欲兼畜人，小國不過欲入事人。夫兩者各得所欲，大者宜為下。」有道之士不過是想讓更多的人，認同自己的修煉方法，那樣就可以惠及更多的人。普通的人不過是想從中得到鍛鍊，讓自己身體更好，這是各取所需的好事。有道之士只要行不言而教，符合道德法則就可以了。卑下謙虛就會成功？別開玩笑了，霸道總裁們都要罵人了。

第六十二章　坐進此道

道者萬物之奧。

善人之寶，不善人之所保。

美言可以市尊，美行可以加人。

人之不善，何棄之有？

故立天子，置三公。雖有拱璧以先駟馬，不如坐進此道。

古之所以貴此道者何？不曰求以得，有罪以免邪？

故為天下貴。

這一章講以道為貴和修道之士所應堅守的原則。

「**道者萬物之奧。善人之寶，不善人之所保。**」奧，指藏，含有庇蔭的意思，所以這裡是可以庇護的法寶。大道是有道之士賴以安身立命，明心見性的法寶。也可以保護不通大道的人。這是因為道不僅是有道之士的寶物，它同時也在保佑著普通人。這裡必須再次強調一下，這裡所說的善和不善，並不是善良和不善良的意思，而是得道和未得道的意思。

「**美言可以市尊，美行可以加入。人之不善，何棄之有？**」既然美好的言論可以博取別人的尊敬，美好的行為可以博取別人的重視，那麼怎麼可以拋棄不善之人呢？老子這裡用的是隱語，既然那麼壞的事情都可以原諒，天道還會拋棄那些普通人嗎？壞事是指什麼呢？美言就是動聽的語言。市尊，換取尊貴。美行，這裡不是專指美好的

行為，而是代指好看的文飾，禮儀，也就是禮樂的等級制度。靠動聽的語言來換取尊貴的職位和人們的尊敬，靠推行尊卑等級制度來管理別人，這麼違反天道的人，天道都可以一視同仁，因為天道無親，對萬物都一樣。這裡可以看出老子最反對的思想是什麼，最討厭的人是什麼人。

「故立天子，置三公。雖有拱璧以先駟馬，不如坐進此道。」天子，上帝的兒子。也就是天選出來的代表。上帝是昊天上帝，老天爺，也叫太一，古代最高的神，象徵天，這裡代表天道。天子選三公為輔佐自己。拱璧，天子用來祭祀天的珍貴器皿。以先駟馬，天子出行的儀仗。老子認為，那麼多禮儀制度，費勁恢復禮教，不如無為而不為，去人教復天道來的乾脆。

「古之所以貴此道者何？不曰求以得，有罪以免邪？」古時的聖賢從來沒說過，靠禮儀祭祀就可以求得天道，難得犯了逆天不道的大罪，也可以靠祭祀求得上天的原諒嗎？老子的古代聖賢是指三皇五帝，而不是孔子要復的周禮。周朝的腐敗，老子早就看不上了，所以說他是因為周朝的腐敗才出關的，我覺得可以商榷。老子這一章都是在批判儒家思想，與孔子問禮時的回答論點基本一致。

【附文孔子問禮】

孔子適洛邑，問禮於老子。曰：「先文武二王以周禮行於天下，諸侯莫不臣服。今諸侯紛爭，亂端四起，禮法盡廢，諸侯多有不臣之念，上失禮於天子，下失仁於百姓，將何以復之？」老子曰：「子所言者，其人與骨皆已

朽矣，獨其言在耳。且君子得其時則駕，不得其時則蓬累而行。吾聞之，良賈深藏若虛，君子盛德，容貌若愚。去子之驕氣與多欲，態色與淫志，是皆無益於子之身。吾所以告子，若是而已。」

孔子曰：「余憂天下久矣，欲復禮於天下，使王君施仁於天下，可乎？」

老子曰：「子亦知夫天地者乎？天地不仁，以萬物為芻狗。子亦知夫聖治者乎？聖人不仁，以百姓為芻狗。天地之間，豈猶橐籥乎？虛而不屈，動而俞出。多言數窮，不如守中。

大道廢，有仁義。智慧出，有大偽。六親不和，有孝慈。國家混亂，有忠臣。失道而後德，失德而後仁，失仁而後義，失義而後禮。夫禮者，忠信之薄，而亂之首。前識者，道之華而愚之始。是以大丈夫處其厚，不居其薄；處其實，而不居其華。故去彼取此。」

孔子曰：「而將何以治之？」

老子曰：「絕聖棄智，民利百倍；絕仁棄義，民復孝慈；絕巧棄利，盜賊無有。此三者，以為文不足，故令有所屬：見素抱樸，少思寡欲。」

孔子曰：「倘使王君不以仁治之，將何以？」

老子曰：「聖人常無心，以百姓心為心。善者吾善之，不善者吾亦善之，德善；信者吾信之，不信者吾亦信之，德信。聖人在天下怵怵，為天下渾其心。百姓皆注其耳目，聖人皆孩之。」

孔子去，老子送之曰：「吾聞富貴者送人以財，仁

人者送人以言。吾不能富貴，竊仁人之號，送子以言。
曰：聰明深察而近於死者，好議人者也。博辯廣大危其身
者，發人之惡者也。為人子者毋以有己，為人臣者毋以有
己」。

孔子歸，謂弟子曰：「鳥，吾知其能飛；魚，吾知其
能游；獸，吾知其能走。走者可以為罔，游者可以為綸，
飛者可以為矢。至於龍，吾不能知，其乘風雲而上天。吾
今日見老子，其猶龍邪！」

第六十三章　圖難於易

為無為，事無事，味無味。
大小多少，報怨以德。
圖難於其易，為大於其細。
天下難事，必作於易；天下大事，必作於細。
是以聖人終不為大，故能成其大。
夫輕諾必寡信，多易必多難。
是以聖人猶難之，故終無難矣。

　　這一章繼續闡釋無為而無不為的思想及守天道修玄德
的用法。「**為無為，事無事，味無味。**」以無為的態度去
有所作為，以不無事生事的方法去處理事情，以恬淡無味
當作有味，不見可欲，不妄想妄為，就可以瞭解事物的本
質，從根本入手解決問題。這個說感應力，用我們太極拳
的詞就是聽勁，軍事術語叫偵查，修煉到一定境界，就會

心血來潮，靈機一現，明白事物的來龍去脈。

　　明白後應該怎麼辦呢？老子繼續講，「**大小多少，抱怨以德，圖難於其易，為大於其細。**」不管出現了什麼事情，大的矛盾、小的問題、繁雜還是簡單，都應該用看待自然規律的態度去處理。抱怨以德，不是現在理解的以德報怨，而是以平等淡泊的態度去看待矛盾和問題。解決問題就要「圖難於其易，為大於其細。」這裡的「圖難」指的是要想解決難於辦成功的事情。這裡的「大」指的是龐大的功業。出現的問題應當在矛盾和鬥爭仍處於萌芽狀態的時候就予以消除；困難的事情要在簡單的時候就想辦法解決，做大的事情要在細節上下工夫。

　　「**天下難事，必作於易；天下大事，必作於細。是以聖人終不為大，故能成其大。**」不論多難解決的事情都是從小到大，從易到難，從細到巨，發展起來的。有道之士明白這一道理，因此在事情剛剛出現或者還在萌芽狀態的時候就把它化解掉了。所以，聖人表面上做的都是小事、細事、易事，甚至什麼也沒有做，最後的結果卻成就了大事、做成了難事。內家拳通家都是從根本上和對手意念剛起是解決問題，「敵不動我不動，我意在敵先；敵微動我先動，我意亦在敵先。」內家拳通家交手對敵時，外行根本看不出來是練內家拳的，都是料敵機先，看上去都是先敵出手。很多人都說練太極拳的應該後發制人，慢慢的動作來對打啊，這樣說的都是外行。

　　「**夫輕諾必寡信，多易必多難。**」諾，這裡意為誇誇其談。寡信，是說真實可信的成分很少，很難兌現。所以

輕易的允諾和吹噓是不足信的。如果把事情看得太容易了，一定會遭受到更多的困難。這是因為沒有瞭解事物的全貌，輕信可以速成或者有捷徑的修煉方式，這一定不是正途而是歧路。

「**是以聖人猶難之，故終無難矣。**」所以有道之士修心守道，不管是什麼方法、如何入道，都是如臨深淵、如履薄冰。融自身於萬物自然之中，不生可欲，從心從直而成玄德。這樣一直堅持做，看起來很難，最後發現也沒什麼困難的。

拳道修煉之路看起來雖然枯燥難行，但其中自有真實趣味，無邊快樂。王薌齋先生說：「越思越想越甜蜜、自在自在真自在、這裡面包含了無限深思和甜蜜。」等語，都是對拳道之路內含無比快樂的最好詮釋。

第六十四章　慎終如始

其安易持，其未兆易謀；其脆易泮，其微易散。

為之於未有，治之於未亂。

合抱之木，生於毫末；九層之台，起於壘土；

千里之行，始於足下。

為者敗之，執者失之。

是以聖人無為故無敗，無執故無失。

民之從事，常於幾成而敗之。

慎終如始，則無敗事。

是以聖人欲不欲，不貴難得之貨；

學不學，復眾人之所過。

以輔萬物之自然而不敢為。

　　完全承接上一章的闡述，繼續講秉持天道而為用的道理。

　　「其安易持，其未兆易謀；其脆易泮，其微易散。為之於未有，治之於未亂。」當局面平穩安定時，大局容易把持，當事情還未露先兆時容易謀劃。當事物脆弱時容易分開，當事物細微時容易消散。做事情要在它尚未發生就處理妥當，處理事情要在禍亂產生以前就早做準備。

　　這是繼續上一章的聽勁、感知力接著講，就是透過事物現象要看清、瞭解事物的本質，提前應對。一切事物都有發展的自然規律，老子認為瞭解大的規律，再來判斷獨立的事物，很容易就可以瞭解事物發展的走向，把握住事物的這種走向規律，就能夠防患於未然，然後在災禍發生前做好準備或者提前解決隱患。

　　「合抱之木，生於毫末；九層之台，起於累土；千里之行，始於足下。」說的都是一回事，就是根基，根基不穩一切都無從談起。從拳道來講，內家武術的根基就是站樁。王薌齋先生說：「欲知拳真髓，首由站樁起。」在第二十五章，提到過「獨立而不改，周行而不殆。」《黃帝內經》中的「提擎天地，把握陰陽，呼吸精氣，獨立守神，肌肉若一，故能壽敝天地。」這些就是意拳養生樁的原始理論來源。

　　太極拳在這方面也是有自己的訓練方法的，比如王宗

岳提出的「立如平準」就是中正安舒的要求，並用緩慢的動作，來維持拳道要求的內外平衡，精神內斂，自然協調等原則。太極拳因為是動靜之機，所以原本是沒有樁的，所謂無極樁，都是後人添加上去的。但意拳樁功和太極拳理並無衝突，並可在細微的蠕動中，對加快太極拳鬆沉勁的形成有更好的促進作用。

我二十多年的教學實踐證明，在練習太極拳套路之後加練樁功，對養生健體有巨大的好處，對各種慢性疾病的防治有不可思議的效果。

這一句還有要修煉者謹慎小心，防微杜漸的意思，王宗岳說：「斯技旁門甚多。」拳道一開始就要選擇目標，認清方向，以免離正道入歧路。

「**為者敗之，執者失之。是以聖人無為故無敗，無執故無失。**」內家拳對敵時，妄為妄動表現在還沒體察到對手的意念，沒有掌控到對手的勁，就開始進攻，這沒有不失敗的。不瞭解對手，也不能正確看待自己，不斷加強自己的執念，就是一定要如何如何，這必然達不成目的。心中沒有執念，不妄為妄動，才能自然平靜，反而容易成功。

「**民之從事，常於幾成而敗之。慎終如始，則無敗事。**」人們做事情，總是在快要成功時遭受失敗，所以當事情快要完成的時候，也要像開始時那樣慎重，就沒有辦不成的事。

站樁要持之以恆，我經常講每加一個樁，都不能捨棄原來的基礎樁，維持初心不變，才能走到無樁境界。

「是以聖人欲不欲，不貴難得之貨；學不學，復眾人之所過。以輔萬物之自然而不敢為。」因此有道之士不為身體的慾望左右，不看重身外之物，透過學道明德來補救人們犯的過錯，輔助自然規律而不敢妄加破壞自然規律。

第六十五章　常知稽式

古之善為道者，非以明民，將以愚之。

民之難治，以其智多。

故以智治國，國之賊；

不以智治國，國之福。

知此兩者亦稽式。

常知稽式，是謂玄德。

玄德深矣，遠矣，與物反矣，然後乃至大順。

這一篇常被現代人詬病為老子主張愚民政治，其實這是誤解。比如一個不瞭解中華武術內家拳的人，你要給他解釋清楚什麼是內家拳，你講的越多他聽得越迷糊，還不如簡單講一講練習這個有什麼好處，然後就開練，老師怎麼教你就怎麼練就行了，這是個節省成本的行為啊。如果這個學生學了幾年特別有天賦，那就不同了，就要互相研究，形質就變了。但大多學拳或是學道的，都要老師按部就班的循序漸進，老師安排修煉就可以了。老子就是這個意思，他認為在遠古時期，三皇五帝教化萬民，都是不言而教，無為而治的。

這裡的愚，是指淳樸，民心淳樸，就不會惹是生非，胡作作為了，這樣天下也就自然太平了。這裡的智，指的是人不按自然規律，以自己想法為中心。這種智是想憑人力逆天道自然，老子認為，這種妄為一定會導致相互衝突、相互鬥爭，人們運用這種智慧獲得的實際利益與團結協作所獲得的實際利益相比，實在是微不足道的。想把這種所謂智慧傳給別人的人，一定是國賊。

內家拳以武悟道，符合自然無為的道理，如果有拳理不符合這個道理，有人想顛覆這個道理，讓拳成為一家一姓的東西，那這個一定是不對的。因為個人的智慧是有限的，自然的力量是無窮的，所以老子說：「常知稽式，是謂玄德。」我們常說無稽之談，意思是沒有根據的猜測。稽，就是根據。老子說這些都是有根據的。常記得這個根據，就得到了玄德。

「玄德深矣，遠矣，與物反矣，然後乃至大順。」得到玄德會怎麼樣呢？就會和萬物一起復歸到道的真樸，得到長久的順遂平安。

教授太極拳或者想靠這項運動出名發財的老師，如果以個人投機取巧的技術或其他如摔跤的技術來欺騙別人，就是已經動了不正當的心思，很快學生和外界就會瞭解這些方法，然後就懂得如何規避了。進而找出弱點予以打擊。現在出現的所謂打假不就是這樣嗎？個人經歷編的越周密，技巧越誇張，虛偽也就越多，可能會得到一些暫時的利益，但從長久看，一方面是害了這項好運動；另一個方面是害自己離道越來越遠。

第六十六章　善下不爭

江海所以能為百谷王者，以其善下之，故能為百谷王。

是以聖人欲上民，以其言下之；欲先民，必以身後之。

是以處上而民不重，處前而民不害。

是以天下樂推而不厭。

以其不爭，故天下莫能與之爭。

老子對於三皇五帝治世時期是非常嚮往的，他的以道治天下學說和三皇時期的學說是一脈相承的。在這裡他提出「天下樂推之」，就是上古時期的政治制度，有道之人雖然在上，卻和普通百姓沒什麼不同，只是代天行事，雖然領導人們，但人們卻並不感到傷害和壓迫。有道之士不居功、不自傲、不見可欲、無為不爭，那麼他不但可以贏得天下人的擁戴，還會獲得天下人的推舉。如果可以一直這樣做下去的話，天下就沒有什麼力量可以與他抗衡了。

這裡重點說了兩個問題，一個是善下；一個是不爭而爭。善下以前講過，不是卑下謙遜。而是行自然之道，不言而教，以天德自然蓄養萬物。善下與天道相合，空曠虛無，廣大無邊，所以可以包容萬物。

不爭不是單指不與別人爭，更是不與自己爭，不與自己修煉的道爭，不與自然爭。不爭就是不頂，不頂在技擊上是為了我順人背，在養生上是為了氣、血、意順隨。都

是為了解決根本問題，不爭不是放棄原則，而是為了更好的爭，太極拳以掤勁為八法之首，掤字的本意就有包容和藏銳的特性。包容就是善下，藏銳就是為了不爭而爭。

太極八法本身就是太極拳黏勁運用的具體表現形式。我順人背，在運用上就是太極拳的沾黏連隨，所以善下和不爭是道德的具體運用，而對太極拳來說，這個具體運用對應的就是沾、黏、連、隨。

沾為太極拳推手或技擊時的接手，接手時要輕，控制好自己周身的氣息，要飽滿圓實又要鬆柔無力，接手處處含虛又處處有實，輕則靈，靈則聽得清，變化快，由輕靈變化虛實，來判斷對手。

黏是推手打拳中的黏勁，在沾的基礎上，黏有控制之意，黏勁的關鍵在於用我之意來控制對手之意，我的意念始終在對手的意念前面，使對手發出的勁如進如一團漿糊中，處處被纏繞封堵，有力不得施展，正如拳論中說的「我順人背謂之黏」，讓對手越急越背，最後被制。

黏勁在對手將發未發，將展未展時就要提前運用，這時最為有效。黏勁要鬆，要輕重適度，在感覺已能有效的控制對手了，對手的活動空間被我壓制的越來越小了，這時才能適度重黏，保持對手的背勢。

黏主要是控制對手的手臂三節，要由引帶梢節，控斷中節，封堵根節來完成。就是在對手的勁還未到梢節時，就將梢節捋帶，可讓過對手梢節，把中節也就是肘部傳動的力斷掉，讓中節的力傳遞不到手上，由控制中節封堵住從根節的來力，使對手勁力不暢。在推手和散手中控制對

方手臂的三節，由手臂的三節控制封堵對手的勁路，才能以黏制敵。在激烈的實戰打鬥中，除了控制手臂的三節，還要控制住對方身體及下肢的三節，也就是要用步黏住對方，造成對方不能走化的局面，這樣才能處處看死對手的中，拿住對手的背勢，處處提前，處處主動。

連是要與對手相連，在動作上與對手保持一致，肢體的接觸點不與對手脫離，儘量做到與對手速度同步。我在教太極推手時，特別重視與對手同步的問題，打個比方，有一輛車以60公里的速度撞過來，你的車要也是60公里，它是撞不到你的，他提速你也提速，他減速你也減速，不離不棄，不遠不近，不丟不頂，如膠似漆。不僅動作要與對手相連一致，在意念上也要意在敵先，預先感知對方的動作意圖，氣隨意行，與敵做到意氣相連。

隨就是隨敵所動，太極拳講究順，要做到順就要練習上下相隨，打手歌中說「上下相隨人難侵」，但在推手和實戰中光做到上下相隨是不夠的，還要與對手相隨，要捨己從人，要在沾黏勁的基礎上，順其勁力，隨機而動。隨不是盲目的跟隨，而是要與對手勁力相合。不僅要在動作上相合，而且要在神意上和對方相合。在相合的基礎上，與對手相吸相連，不要輕易脫離開，在運動中尋找機會。

第六十七章　道有三寶

天下皆謂我道大，似不肖。

夫唯大，故似不肖。

若肖，久矣其細也夫！

我有三寶，持而保之：

一曰慈；二曰儉；三曰不敢為天下先。

慈故能勇，儉故能廣；不敢為天下先，故能成器長。

今捨慈且勇；捨儉且廣；捨後且先，死矣。

夫慈以戰則勝，以守則固。

天將救之，以慈衛之。

上一章講不爭而爭，沒講怎麼才能爭的贏。這一章就講有道之士有三寶，依天德持有可以常勝不敗。

「**天下皆謂我道大，似不肖。夫唯大，故似不肖；若肖，久矣其細也夫！**」天下人都說，您的道也太廣大了，大到我們想像不到。也正因為它的大，所以才難以想像。如果它像一種具體的事物的話，那麼它就趨於細小而就不是道了。

「**我有三寶，持而保之：一曰慈，二曰儉，三曰不敢為天下先。慈故能勇，儉故能廣；不敢為天下先，故能成器長。**」道家三寶看看是什麼？然後怎麼使用。

慈，蓄天德之厚曰慈。如何積玄德之厚，前面講過了。德厚之士合於大道，蓄養萬物，不言而教化天下。慈而後愛，以道滋養天下。慈故能勇，是因為能夠感受到自身與自然是融為一體的，心中會有一種使命感，德厚而蓄養萬物，因滋養萬物而生愛，愛而後勇。就像有壞人傷害自己的孩子，父母肯定不顧一切拼命一樣，心中一切的畏懼都會隨之煙消雲散。而且感覺到天人合一，而自己就

是自然，一切變化都在自己掌握之中，在這種感覺影響之下，人們無所畏懼，這就是老子所說的勇。

儉，大家好像都認為是節儉，我覺得這裡說的是不生可欲，不被奇怪的慾望迷失天性。保持赤子之心，開自然之天道，天道無邊，所以說儉故能廣。有些朋友養生，說什麼慾望也不能有，這是不正確的，自然的慾望是可以有的，就像餓了要吃飯，渴了要喝水，要生育後代都是自然的，沒有問題。可欲是不知足，不知止。太極拳講開合一定間，過猶不及，就是這個道理。

不敢為天下先，不是謙讓，卑下，不是什麼事都躲在人後不敢出頭。而是有道之士奉天道自然為本，不行人教，以自然為先。不為先，可以藏銳，才可大器晚成，才能厚積薄發。積厚德而不離天道，才能長久、才能成為天下重器。

「今捨慈且勇；捨儉且廣；捨後且先，死矣。」今天的人，知道勇敢可貴，卻不知道以自然為基礎的道理。不知道適可而止的道理，卻說自己博大廣闊。做事不留餘地，急於求成，這樣治國國家必亡。這樣修身，也長久不了。這樣和人較量，不挨打才怪呢。

「夫慈，以戰則勝，以守則固，天將救之，以慈衛之。」慈故能勇，見有害天道自然者，為救萬民於水火，必需滅除，恢復自然秩序。守，可以理解為守護。恢復後就要守護，憑藉的就是慈。如果天下失道太久了，自然破壞的很厲害了，這時大自然會懲罰失道之人，然後恢復自然規律。守和衛都有自立的意思，所以修煉的人牢記慈的

含義，在大環境失道的情況下，也可以長久的修身養命。

內家拳修煉的三寶就是：道家的慈，說的就是元氣。練法以站樁為基本。儉，就是爭力。練法太極拳是套路的開合；形意拳是三體式和五行拳；八卦掌是一步一樁；意拳是試力。不敢為天下先，就是示之以弱，逞之以強的內家拳戰術原則。

第六十八章　以德配天

善為士者，不武；善戰者，不怒；

善勝敵者，不與；善用人者，為之下。

是謂不爭之德，是謂用人之力，是謂配天古之極。

上一章講了積玄德厚重為慈，以慈而勇，可以制勝的道理。本章講不爭而爭才是最好的選擇。

「**善為士者，不武；善戰者，不怒；善勝敵者，不與；善用人者，為之下。**」士，這裡的士不是士兵，是有道之士的意思，不武，看不出來能打的樣子。也是不窮兵黷武的意思。有道之士以慈為本，肯定是善戰的，但面對紛爭，卻能淡然處之，從容面對。善勝敵者，不與。避實擊虛是制勝的關鍵，玄德無形無體，故示人以虛，無影無形，讓人沒有可乘之機，所以立於不敗之地。所以虛空無形而又德厚者無爭而爭者必勝。以實應人，氣短德薄者必敗。儉而廣為下，如谷如淵，人心所向如水歸滄海，這就是善用人者。從這一段就看出老子柔弱中的必勝剛強，無

為不爭中充滿了高深的智慧。

「**是謂不爭之德，是謂用人之力，是謂配天古之極。**」前面講的這些戰術原則就是不爭之德、用人之力、配天古之極。

不爭之德，天道玄德用不著爭，萬物本來就是天生地養。想爭的是人生出的可欲之心。天下失道，有道之士衛道而戰，無欲而爭，就是不爭之德。

用人之力，不修道不練拳的人都解釋成發動群眾，這就太單一了。練拳的人一看就明白是借對手之力，或是借自然之力，這樣解釋的才全面。太極拳的借力打力，就是這個戰術的完美體現。

所謂借力打力就是引、化、拿、發。拳譜《打手歌》上說「引進落空合既出」，說的就是這四種用法。引就是引進，落空是化，拿是拿勁，要想拿勁自身要做到六合，出是發放。引是在聽勁和黏勁的基礎上，將對手的勁往自己空處引，也就是對手將要不得勢的地方。在引的過程中，要讓對方不認為是落空，還要感覺比較得勢，這時我要敢於將對手的力引進來，而不是頂出去。

就像兩軍作戰，要敢於將敵方兵力放進來打，放進來是為了吃掉對手的力量，同時拉遠對手的攻擊距離，引其出尖破體，立身不穩，失中破勢。引是為了化，引而不化就是引賊入室反被所乘。化的關鍵在於變點，在與對手的接觸點上，變靜力摩擦為滾動摩擦，讓對手的力沿圈的外沿線劃過，我圈含勁可越過對手的力，這是化中有進之意。化分為黏化和走化，具體練法見《以心悟道練太極》

一書。拿就是控制勁的意思，不但要控制對手的勁，還要控制自己的勁。在推手實戰時要先控制自己的勁，不妄動，不失中，內外六合具五弓，這樣可守住意。發是發放也是發勁，欲發先拿，拿是發的先決條件，控制住對手的中線和勁路後才可以發放。

配天古之極，就是以德配天的意思。上古的聖人們都極擅長此道。能做到不爭之德、用人之力就達到了以德配天，這樣和上古聖人們就相差不遠了。

第六十九章　哀兵必勝

用兵有言：

吾不敢為主，而為客；不敢進寸，而退尺。

是謂行無行，攘無臂；扔無敵；執無兵。

禍莫大於輕敵，輕敵幾喪吾寶。

故抗兵相若，哀者勝矣。

這一章緊接前兩章，對用兵之道作出深入細緻的講解。「弱者道之用」，順著道的自然趨勢以柔克剛，以弱勝強。

「**用兵有言：吾不敢為主，而為客；不敢進寸，而退尺。**」為主，主動進攻。為客，因敵而動、應敵而變。不敢，這裡為不魯莽，而不是沒膽量。在武術較技和戰爭中，主動權不在於誰先發起進攻，而在於誰得到最後的勝利。不輕敵冒進，而是周身均整，誘敵深入，以最小的成

本取得最大的戰果，這正是太極拳帶給我們最大的智慧。傷敵一千自損八百這樣的成果不是太極拳之道，太極拳的運用法則是：「我就算打不了你，也不能讓你打了。對敵時要最大的程度保護自己的實力，應敵而變，一旦對手出尖破體，就可有效控制。」拳譜說：「使敵深陷此圈內，四兩撥得千斤動。」就是以微小的代價，最大程度地打擊對手。有讀者如果看了我上一本書就會奇怪，你不是說太極拳在技擊時有進沒退嗎？這裡說不敢進寸，而退尺怎麼解釋？「不敢進寸」是謹慎待敵，不是不進，而是待機而進；「而退尺」，不是逃跑，而是示之以虛，才好誘敵，各個擊破，也就是太極拳的避實擊虛。

太極拳完全脫胎於道家為代表的易學文化，瞭解清楚拳理，這裡就很容易明白老子的弱者為用，不然還以為道家為了謙退，真的退兵讓對手先打呢！

「**是謂行無行，攘無臂；扔無敵；執無兵。**」「行無行」，行動無形。讓對手摸不到意圖和虛實。為客不為主，以虛待敵，應敵而變，所以對手難以做出準確判斷。「攘無臂」，攘敵於外，卻好像沒有手一樣。內家拳諺曰：「出手不見手，見手不能走。」讓對手感覺你的勁存在，可就是摸不清規律。「扔無敵」，面對敵人卻好像沒有敵人存在一樣。這就是無人當有人，有人做無人。練習時和實用時心態是一樣的，都是視敵如無物。

老子是不是和您太極拳老師說的一樣？如果不一樣一定是您老師的問題，不是老子的問題。

「執無兵」，雖然手裡拿著兵器卻好像沒有兵器一

樣。扔無敵和執無兵意思就是要誘使敵人不知不覺地走入我們為之設計好的圈套之中。

太極拳說「入我機關死不知」，就是這個道理。老子柔弱之用就是有還似無，無能生有，也就是虛實之道。《孫子兵法》虛實篇：「水因地而制流，兵因敵而制勝，兵無常勢，水無常形，能因敵變化而取勝者，謂之神。」

「禍莫大於輕敵，輕敵幾喪吾寶。」這裡的輕敵意為目中無人，小看敵人的能力。不以道待敵，而欲以人力勝對手。輕敵會為主，先敵搶攻，好像是搶了先機，卻也暴露了行動意圖。輕敵就喪失了玄德用兵的取勝法寶：「慈、儉、不敢為天下先。」這樣就是以自身的有形對付敵人的無形，是很容易失敗的。這裡說的是驕兵必敗的道理。那有沒有必勝之道呢？往下看。

「故抗兵相若，哀者勝矣。」抗兵相若，用來作戰的兵力相當，哀兵必勝。所以什麼是哀兵就是關鍵。哀兵必勝不是很多人普遍認為的那樣。假如有人來打我，欺負我好慘，我很傷心很憤怒，這時去打一定會贏。不是這樣理解的，因為前文說過，善戰者不怒，所以悲哀傷心的解釋一定是不對的。大道虛靜空無，無喜無悲。用德復天道，恬淡為上，生殺不入於心，守自然應萬變就是道慈，慈而後愛，愛而勇。慈愛之心對天下人，這就是哀兵。

老子認為用兵是萬不得已的事情，一定是到了必須要用武力才能使天下無道的混亂終止。這是要必勝的，而想要立於不敗之地就要知己知彼，然後以我無形對有形，應敵之變，出其不意而勝。

第七十章　褐而懷玉

吾言甚易知，甚易行。天下莫能知，莫能行。

言有宗，事有君。夫唯無知，是以不我知。

知我者希，則我者貴。是以聖人被褐而懷玉。

「**吾言甚易知，甚易行。天下莫能知，莫能行。**」天道自然，這個道理是多麼簡單，無為而有為、不爭而莫能與之爭，這個做起來是多麼容易。看上去容易做到，但大多數人就是不理解，不去堅持做。

太極拳守自然之道，不丟不頂道理多簡單，堅持站樁、試力、推手由鬆沉到輕靈、由練勁到練意，階進神明，這些階段堅持練習也不難。可就是到了鬆沉就捨不得放棄明勁了，為什麼呢？因為好用，學到鬆沉就是小成了，太極拳功夫開始入門了，推手已經很少對手了，就心滿意足，不願再捨去已經得到的，去尋找還沒看到的。老子幾千年前就看到這個問題的本質了，因為人性好爭，爭而不棄；人德好積，積而不捨。

「**言有宗，事有君。大唯無知，是以不我知。**」宗和君都是根本。言是立道，事是行道，立行自然之道就是根本。不我知，就是不把我的理論當作知識。這些都是有根據的修煉天道的方法，又簡單又實用為什麼還有那麼多人不理解呢？這是因為他們無知。這裡的無知是指人們喜歡關注人德。不瞭解，主要也不願意去瞭解天德。

「**知我者希，則我者貴，是以聖人被褐而懷玉。**」世

上的人都想有好的身體，得道長生，可是得道的人卻很稀少，是因為都想從天那裡得到什麼，越想得到，越離道遠。只有融入自然，空虛內心，抱一為天下式，才能得到真正貴重的東西，也就是大道。

被褐而懷玉，不是說有了珍貴的東西趕緊藏起來，不讓人看見，才能得以保身。也不是修煉秘訣秘不示人。道法自然，大道至簡，沒有什麼可以藏的。

得道之人的真實情態，就是被褐而懷玉。穿普通人的平凡衣服，內裡卻是虛其心，實其腹，正氣充盈。

第七十一章　聖人不病

知，不知，尚矣；
不知，知，病也。
聖人不病，以其病病；
夫惟病病，是以不病。

這一章講以天道為標準才能自知明己，不失中正。

「**知，不知，尚矣。**」現在通俗的解釋是：「知，不知」意為知道自己不知道，知道自己無知。「不知，知」意為自己不知道卻以為自己知道，把無知當有知。這句話意思是說，知道自己的無知是高明的，而本來不知卻以為是知就是病了。這和孔子說的：「知之為知之，不知為不知，是知也。」意思是一樣的，他們都強調要有自知之明。這個看法和我前面講老子寫《道德經》的目的除了立

道外，就是針對儒家和孔子的思想進行批評是相違背的。從字面意義上來看，兩者學說好像是一致的，其實有本質上的不同。不同點就在於評判標準。

儒家是以人來作為評判標準的。比如樊遲問知，孔子曰：「務民之義，敬鬼神而遠之，可謂知矣。」也就是知道人就可以了，遠離未知的事情。再比如荀卿曾批評莊子曰：「莊子蔽於天而不知人。」可見儒家的要義在於知人，透過人來判斷是否知人和自知。老子卻是以天道自然來作為評判標準的，透過自然規律來判斷是否自知。

太極拳推手是訓練對外在的感知力，我也說過是透過別人來瞭解自己，這好像是儒家的指導思想，其實不是，因為我把對手看作是自然的一部分，不是以是否擊敗對手作為標準，而是以我是否融入自然，符合太極的道理。透過對手來判斷自己是否出現錯誤，不是以對手作為標準而是以自身是否應外力為自然作為標準，這是太極拳推手的訓練目的。

「**不知，知，病也。**」明明不通天道，不瞭解自然規律，卻透過人的認知作為標準來判斷，以人正人而不以道正人，必然不正，不正就是病。太極拳有四病，僵、頂、斷、丟都是由不正而起。

僵是說在接手的時候，不能用蠻力不能僵緊，要輕靈，上拔下鑽，萬不能用重手，否則轉換不靈。頂就是用力頂牛，不知道黏中有化，而一味的用重黏，會造成腰胯的不順，產生雙重。斷，就是斷勁。周身不能協調一致，對方進攻，在走化時，一味地退讓，難以順隨不能與對手

同步，宜為上下不正，失中被制。丟，就是散，不均整。失去自我了，肯定就黏不住對手，跟不上對手的運動軌跡或速度，被對手打進來，自己都控制不住自己了，還能控制別人嗎？

「**聖人不病，以其病病。**」病病，前一個病是禁絕的意思，後一個病才是疾病。有道之士為什麼不生病呢？因為他們依自然規律修煉，禁絕反自然規律的事物。

「**夫惟病病，是以不病。**」世上的理論很多呀，不知道什麼是正確的，什麼是不正確的。老子給了一條標準，不管什麼行業，什麼修煉方法，什麼思想宗教，不符合天道自然的，就是有病；符合天道自然的，就是沒病。

第七十二章　以德立威

民不畏威，則大威至。
無狎其所居，無厭其所生。
夫唯不厭，是以不厭。
是以聖人自知不自見，自愛不自貴。
故去彼取此。

「**民不畏威，則大威至。**」如果民眾不再畏懼統治者的權威，那麼統治者也就大難臨頭了。這是法家和儒家的解釋。有道之士都是以德立威，而不是以殺立威。大家都回歸淳樸，合於自然，這是自然之威，也就是老子說的大威。儒家可是會殺人立威的，孔子上任七日就誅殺了少正

卯，除了學術之爭就是立威。

「**無狎其所居，無厭其所生。**」狎，褻玩。這裡意為任意地侵犯。當權者有大威，就不會無緣無故干涉侵犯別人的安定生活。百姓也就會安居樂業，不會厭棄生活的地方。

「**夫唯不厭，是以不厭。**」不厭棄現在的平靜生活，才能不厭棄以德立威。這個解釋反過來也行。有人解釋到這裡時，認為老子這句不通，應該是省略了內容，這是不懂以德立威的道理，前面就沒搞清楚。

「**是以聖人自知不自見，自愛不自貴。故去彼取此。**」有道之士自知者明於心、明於道。因為明於天道自然，就不會去改變這個規律，也就可保無病。天人合一，愛天道自然就是愛自己，保護自然就是保護自己，所以尊重自然規律不是自己的獨特見解而是天道，用不著覺得自己了不起，多敬畏大自然好了。

去彼取此的關鍵就是為腹不為目，不自見、不自貴，也是相同意思。自知就是為腹，也就是瞭解內心本性，也就是自然。目同見，指外在的事物。杜絕外界的干擾，堅持自然虛無的練習，不斷審視自己的內心本性，不以身外之物為貴，去外存內才是正道。

第七十三章　順道者昌

勇於敢則殺，勇於不敢則活。

此兩者，或利或害。

天之所惡，孰知其故？是以聖人猶難之。

天之道，不爭而善勝，不言而善應，不召而自來，繟然而善謀。

天網恢恢，疏而不失。

「**勇於敢則殺，勇於不敢則活。**」敢指勇猛。勇超過敢就是妄為魯莽。這種沒有限制的勇敢就會招致殺身之禍；勇敢而有所顧忌的時候，就能保全自己的性命。慈故能勇，是知道適可而止，過猶不及的道理。

「**此兩者，或利或害。天之所惡，孰知其故？**」勇於敢和勇於不敢，前一個是捨慈之勇，失中失正，以人力補天道，以為可以力挽狂瀾，卻是違反自然的行為。勇於不敢，正不失天，是順應自然的行為，這是可以長久的保身之道。老子把生死問題和勇放到一起，是想說明任意妄為無所顧忌，是充滿兇險的。我們知道在內家拳對敵時，輕敵冒進就會出尖破體，越想著憑血氣之勇，一鼓作氣畢其功於一役，越會入人家圈套，進入死地。

「**天之道，不爭而善勝，不言而善應，不召而自來，繟然而善謀。**」

天道自然是有運用法則的。

一是「不爭而善勝。」不爭，天德不爭虛名外物，不見可欲。對敵時應敵以虛靜。太極拳說：「一處有一處虛實，處處總此一虛實。」對手分辨不出虛實底細，明白人自然會罷手。如果冒進強攻必然失敗，因為以無為應敵，一切出自天道自然，進退顧盼恰到好處，對手打不到實

處，摸不到力點，我卻當攻則攻，當守則守，不過不貪，不考慮勝敗，無為而有為，就是不爭而善勝。

二是「不言而善應」，天道無言，大音希聲。普通人聽不到，但有道之士卻能感應到，天道對所有的自然行為必有回應。凡事有因有果，循自然之道，天必有利；物悖於自然，逆天而行，天必有罰。

三是「不召而自來」，做任何事，自然都會給以回應，回應不管是利是害，都會不請自來。所謂禍福無門惟人自召。有的人為什麼生病？因為不依自然之理，可欲過度，作息混亂，氣逆血沖，天自然罰之。依自然養生，就可以長久。所以什麼祈福求神等都是沒用的，因為是利還是罰，都是平時的行為召來的。人在做，天在看，一筆一筆記著呢。

「繟然而善謀」，繟然，寂靜空曠無聲，繟，又有緩的意思。世間萬物的任何事，天道都會給出回應，自然規律的後面就像有一個善於謀劃一切的神，在推動佈局這一切。這個局緩慢而有序，所以不要急，都能有回應。

天網恢恢，疏而不失啊。其實就是一句話，順道者昌，逆道者亡。

第七十四章　民不畏死

民不畏死，奈何以死懼之？

若使民常畏死，而為奇者，我得執而殺之，孰敢？

常有司殺者殺。

夫代司殺者殺，是謂代大匠斲。

夫代大匠斲者，鮮有不傷其手者矣。

　　道家講以德立威，反對以殺立威，本章就講以殺立威有失天道。

　　「民不畏死，奈何以死懼之？」生死是天道循環的自然規律，在自然狀態下，死是又一個輪迴的開始，人是不會畏懼死亡的。

　　上一章講過，或利或害，天道都會回應的，在這種公平情況下，死是沒有什麼可以畏懼的。但各種制度的出現，社會等級的出現，順道者生變成順人者生，逆道者亡變成逆人者亡，這樣就喪失了天然質樸的本性，人會變得畏懼死亡。所以法規越嚴，人越會喪失天性，變得畏懼權勢，而不敬畏天道自然了。

　　「若使民常畏死，而為奇者，吾得執而殺之，孰敢？」如果百姓真的變得畏懼死亡，就證明天下失道，這時當政者對不如他心意的人，和他們意見不一致的人就會用各種藉口殺掉，對這種逆天而行的人，我就會代替天來懲罰他們。什麼人可以代天行事呢？就是太正和少正，太正是負責周朝的司法和教化百姓，為百官之首。少正是諸侯國負責司法和教化百姓的官員，受太正領導，也就是司法和教育獨立。

　　有人研究得出結論說老子曾經出任過周朝的太正。如果這是真的，就算他後來離職了，以他的名望也會是當時全國的司法和教育的精神領袖。

這就很有意思了，孔子上任七日就殺了少正卯，並「戮之於兩觀之下，屍於朝三日」就是暴屍三天，藉口找的稀爛，他的門人都覺得難以服眾，這是為什麼？這就是老子說的以人代天啊。

「**常有司殺者殺。夫代司殺者殺，是謂代大匠斲。**」死亡和出生都是自然的規律，天道自然可以殺人，那是自己種因得的果。但個人來立法殺人就是不對的，因為天道自然有一套標準，什麼人該如何罰都是有依據的，天網恢恢疏而不失，是不會搞錯的。你是人不是天，你怎麼能保證不搞錯呢？

「**夫代大匠斲者，稀有不傷其手矣。**」以人代天，以人治代替法治，這是天下失道的標誌。一個地方掌管刑獄的司寇，怎麼可以隨便殺死中央直屬派駐地方掌管司法和教育的官員呢？這裡一定有利益交換，有私慾在裡面。這樣亂搞，就一定會混亂，到時刀子也會落到這些人自己的身上。

【附】誅少正卯

孔子為魯司寇，朝七日而誅少正卯。門人進問曰：「夫少正卯魯之聞人也，夫子為政而始誅之，得無失乎。」

孔子曰：「居，吾語汝其故。人有惡者五，而盜竊不與焉：一曰：心達而險；二曰：行辟而堅；三曰：言偽而辯；四曰：記丑而博；五曰：順非而澤。此五者有一於人，則不得免於君子之誅，而少正卯兼有之。」

第七十五章　有為之害

民之饑，以其上食稅之多，是以饑。

民之難治，以其上之有為，是以難治。

民之輕死，以其上求生之厚，是以輕死。

夫唯無以生為者，是賢於貴生。

這一章舉例說明無為的重要性。

「**民之饑，以其上食稅之多，是以饑。**」統治者為什麼要收過重的稅？是因為推行禮教階級，地位越高的人越見可欲，為了滿足慾望必然加重賦稅，所以被他們劃歸到下層的百姓日子就不好過了，甚至會挨餓。

「**民之難治，以其上之有為，是以難治。**」統治者不顧天道自然，強行推行不符合實際的政令，設置禮樂，設置等級制度，吃財政飯的人就多，勢必加重賦稅，百姓負擔過重，人心思變，不在安居樂業，而是想方設法的積錢積物，不見淳樸本性，被外物遮蔽了內心。更有甚者，鋌而走險，這就是為亂之本。面對百姓的反抗，統治者又會制定各種的法令來約束，民心不在淳樸，就會用語言來教化，但這時吃飯都有問題了，有多少人會聽呢？所以有為的危害很大。

「**民之輕死，以其上求生之厚，是以輕死。**」什麼叫輕死呢？捨身逐利就是輕死。民心淳樸的時候，百姓自給自足，天衣地養，安居樂業。但內心被外物遮蔽就會用生命和健康去換取財物。還有就是賦稅過重，生活成本過

高，都活不下去了，當然無所不為了。怎麼會走到這一步呢？就是那些上位者搞出那麼多花樣，不遵守天道自然，越折騰越勞民傷財，天下越不太平。

「**夫唯無以生為者，是賢於貴生。**」只有不亂來，尊重天道自然，才是真正善養自己生命的人。

老子以治理國家為例，闡述了有為的危害，強調了前面提出的「聖人處無為之事」「無為故無敗」的觀點。

太極拳或是其他功法修煉時出現的問題，大多都是因為有為。有為就有所求，有求就會讓內心難以真的平靜下來。氣血不寧，就難有成就。練功站樁要忘了練功站樁，不執著己身，不執著己心，才能進步。

前面章節說「強梁者不得其死」，對敵時求勝心切，就會氣悶胸口，就是義憤填膺，肌肉僵緊，硬頂硬要，這就不是內家拳了，更不是養身保命之道。

第七十六章　柔弱處上

人之生也柔弱，其死也堅強；
草木之生也柔脆，其死也枯槁。
故堅強者死之徒，柔弱者生之徒。
是以兵強則滅，木強則折。
強大處下，柔弱處上。

這一章以生死狀態來闡述柔弱勝剛強的道理。

「人之生也柔弱，其死也堅強，草木之生也柔脆，

其死也枯槁。」人出生時是很柔弱的，骨弱筋柔而握固，精神充足，氣血通順。所謂「含和氣，飽精神，故柔弱也」。等人臨死的時候渾身是僵硬的，氣散血滯，撒手而去。修煉的人要求回歸到嬰兒的狀態，就是減緩甚至停止這種走向完全僵緊的過程。草木和人一樣，初生的時候是柔軟脆弱的，死亡的時候是枯萎的。這是因為萬物出生時體內含先天的沖虛和氣，與天地自然相融的原因。後天隨著生長，為外物所遮蔽不見本性初心，不合天道自然，就會出現強極則衰的現象。

「故堅強者死之徒，柔弱者生之徒。」天道自然循環，生死之間不過是在路途上而已。只是越強硬越往死路上走，柔弱往生路上走而已。

修煉內家拳，與天道自然相合，返璞歸真，明心見性，自然豁然開朗，視死如歸，看待死亡就像回家一樣，和嬰兒一樣沒有生死的畏懼，精神不外泄，反倒可享天年。練功時顧慮越多，想得越多，進步越慢。如用強硬練習，喜歡強行發力必不可久。

我是反對平時練習就要震腳、沖拳等發力的，這對身體毫無好處，如果想練習均整，那多試力就好了。發力是丹田沖盈，氣貫帶脈以後，不發而發的自然反應。等到意念均勻可控的時候，發力根本不會消耗元氣。

「是以兵強則滅，木強則折。」人多好可欲，才好爭鬥。可欲不生，對方不來欺負你的親人，一般不會消滅他。而有了奇怪的慾望，就會去和其他人產生矛盾，國家間產生矛盾就會動武，建立強大的軍隊，如果把所有的資

源都拿去發展軍隊，對外戰爭，就是窮兵黷武，好像強大，但不符天德，很快就會滅亡。太極拳如果練的用力不用意，憑力大對頂，那就不是太極拳。真的這樣練下去只能快意一時，卻是往絕路上奔跑。

「**強大處下，柔弱處上。**」就是以天道自然為尊，時刻不忘，以身與自然融於一體，天人合一。這也是中華內家拳更是太極拳的修身應用之道。

第七十七章　餘補不足

天之道，其猶張弓與？

高者抑之，下者舉之；有餘者損之，不足者補之。

天之道，損有餘而補不足。

人之道，則不然，損不足以奉有餘。

孰能有餘以奉天下？唯有道者。

是以聖人為而不恃，功成而不處，其不欲見賢。

「**天之道，其猶張弓與？高者抑之，下者舉之；有餘者損之，不足者補之。**」天道自然的規律，不是很像張弓嗎？這裡的張弓不是拉弓射箭，是把弓弦安到弓背上去，弓背要長於弓弦，讓弓背彎曲要把上面一端的往下壓，把低的一端往上舉，這樣才可以安的上去。弓弦安好後，感覺過緊了就把它放鬆一些，感覺到鬆了就要把它收緊一些。

高，這裡有強大的意昂。抑，限制。所以自然的規律

是強大的不會一直強大下去，會自然產生很多限制。下者，弱者，大自然也會彌補他。喜歡積錢積物有地位的，自然會從其他地方折損，不足的也會從其他地方補給。

「**天之道，損有餘而補不足。人之道，則不然，損不足以奉有餘。**」天道自然是損有餘而補不足的，尊奉人道的卻不是這樣行事的，人之道與天之道截然相反，人之道是「損不足以奉有餘」要剝奪不足的用來奉養有餘的人，這就是強大處於上，柔弱處於下，階級等級一產生，就是人道，人道信奉強大力量，人道興旺，天道不存。

「**孰能有餘以奉天下？唯有道者。**」這時候就需要有道之士來衛道復天，天道恢復，就可以用多餘的財物來補足天下。

「**是以聖人為而不恃，功成而不處，其不欲見賢。**」有道之士完成恢復天道自然的任務卻不居功自傲，功成身退，其名不顯，不興個人崇拜。為，這裡是無為而有為的意思。有道之士循天道自然規律辦事，成功後也是借自然的力量。

太極拳和意拳都是要求周身均勻，六面爭力要完整統一。太極拳理說：「一動無有不動，一靜無有不靜。」就是說周身一體，互相之間都有牽扯。意拳就說的更清楚了，王薌齋先生說：「就全體而論，要發揮上動下自隨，下動上自領，上下動中間攻，中間動上下合，內外相進，前後左右都相應。」

內家武術完全隨天道自然，周身渾然一體，何處出現癟、丟、斷等都是病，哪裡出現問題，氣就要補哪裡，全

部補滿，勁才是渾圓的。很多人說自己站的是渾圓樁，周身都不均勻叫什麼渾圓呢？不是擺個造型就是渾圓樁。先把六面爭力練好再說。

渾圓狀態是立體的，不是平面的圓，或雙手劃的圈。要在全身牽扯的基礎上，形成的既放鬆又沉重的感覺，要做到皮肉鬆如棉，筋骨重如山。力源是在丹田和腳下，丹田氣貫於衛氣，分佈於骨骼肌膚，攻擊時可凝成一點，如掌吐珠，擊透對手身體傷人。化來勁可散於腳下，不管攻擊或化力，勁都需要向六面發散，也就是向前、向後、向左、向右、向上、向下都是相等的。如不相等，就是功夫沒到，補足氣血再說。

中醫說：「通則不痛，痛則不通。」有些痛點就是氣血不到，氣滯血凝造成的，以意行氣，以氣補足就可解決了。

第七十八章　守柔勝強

天下莫柔弱於水，而攻堅強者莫之能勝，以其無以易之。弱之勝強，柔之勝剛，天下莫不知，莫能行。

是以聖人云：受國之垢，是謂社稷主；

受國不祥，是為天下王。

正言若反。

本章以水喻道，進一步說明守柔勝強的道理。

天下人都知道水可以弱勝強、柔克剛，但都很難做

到，我們就來看看水的自然特性，是不是和太極拳有共通點，是不是很難做到。

1. 流動性：

「水之形，避高而趨下」，水是流動的，並由高往低流動。在太極拳練習中，要求意氣不斷，如長江大河滔滔不絕。在推手中我們的意氣勁要向水一樣往對手空隙處流動，將意滲透進去。

水在流動時遇到阻力會繞過阻力，迂迴前進，太極拳推手時，如遇對手阻力，也要向旁邊迂迴讓過對手的力，最後向對手的空隙處流動。不論對手如何阻擋，路線可以變，目標是不變的。

2. 包容性：

水溶萬物，海納百川，太極拳與人交手時要將對手來力融入自身的環中，然後向四周擴散，將力化於無形之中。就好像用力將拳頭打人水中，水遇力會向四周散開然後將拳頭包裹起來一樣。同步融化對手的來力，包裹住對手，使對手的力落於空處，自身的力進行發散，淹沒對手並產生漩渦，破環對手的平衡。「使敵深陷此圈內，四兩撥得千斤動」。

3. 公平性：

《說文解字》對水這樣解釋：「水，準也」。水面是最平的，些許傾斜都會破壞其形。太極拳論說「立如平準」，就是這個意思。

太極拳不論走架和推手都不能忽高忽低，左傾右斜，前俯後仰，要始終保持中正。

4. 可塑性：

水無色無味、透明無形，把它裝在任何器皿中就呈現器皿之形。水的這一特性與深受道家影響的太極拳，所講的無形無象、捨己從人、不斷變化全然相同。

5. 純潔性：

流水不腐，其質最純。練習太極拳時要儘量不生雜念，站樁時更要不受外界影響。對敵時，心中只有對手動作，而無對手，空即是有，有還要空，說空實有，有就沒空，空了才能感到對手來力的本質，不受虛假的動作蒙蔽，直接找到對手的弱點。高手對敵往往一瞬間勝負已分便是如此。

6. 矛盾性：

柔，既是水的法則，又是力的象徵。柔並不是「懦弱」，而是真正意義上的強大。水具有柔的本性，水滴石穿是說柔能勝剛。洪水氾濫卻令人恐懼。所以水是矛盾的，它是陰柔的，不過需要時也是陽剛的。太極拳如水，既能陰柔無形，亦能如海中之巨浪翻滾，其既有源源不斷的丹田內勁，心意的波瀾不驚，迂迴曲折之本能，又有隨機應變，避實擊虛，傷人無形的可怕。

7. 三態性：

水，散則成氣，聚而成冰。太極拳在練習時要求先肢體柔順（求柔），而後散於四梢（求鬆），而後發力時氣聚神凝（求整）。

水有這麼多特殊的本性，所以天下莫不知，莫能行，因為水是與天道共性的。所以有道之士才會說：「受國之

垢，是謂社稷主；受國不祥，是為天下王。」受，主動。水可以主動接受污垢，洗刷別人。能夠主動替國家承擔屈辱，才稱得上江山的主人；能為主動替國家承受禍患的人，才配做天下的君王。

最後說正言若反，是說普通人所認定的東西，其結果恰好與事實相反，就是聰明反被聰明誤。弱之勝強，柔之勝剛，反者道之動，弱者道之用，這是人人都能明白的道理，可是練起太極拳來，不是頂牛就是蠻力。好道理都放在這了，可就是不照做，這不是愚蠢是什麼？

第七十九章　天道無親

> 和大怨，必有餘怨，報怨以德，安可以為善？
> 是以聖人執左契而不責於人。
> 有德司契，無德司徹。
> 天道無親，常與善人。

「和大怨，必有餘怨，報怨以德，安可以為善？」原諒別人對自己的傷害，就會沒有芥蒂了嗎？顯然是不可能的，內心一定會耿耿於懷，這是人性使然，沒有什麼不對的。寬恕別人對自己的傷害認為這就是有德，顯然是不對的。比如被人無緣無故打了，還讓人再打好了，表示自己一點不生氣，這不是有德這是有病。

「是以聖人執左契，而不責於人。有德司契，無德司徹。」《禮記》中說：「獻粟者執右契。」所以左契指的是

契約的左半部分，是債權人持有，它是債權人向債務人索債的憑證。

這裡的意思是有道之士要站在道理這一方面，掌握證據，讓證據說話。有上德的人靠道理證據，沒有上德的人靠苛刻狡詐。這一句就回答了上一句的無緣無故被人打了應該怎麼辦，「猝然臨之而不驚，無故加之而不怒」，用不著生氣，因為沒有那個時間。

練習太極拳或意拳的高手，心中平靜自然，對外來的侵害，本能就會生出反擊，這個速度要比大腦思考的時間快很多。太極拳叫驚彈勁或驚炸勁，意拳就是渾圓氣補足的自然反應，反擊完了，就不要再責難對方了，而是要掌握好證據。

什麼證據？就是反擊自衛而不是主動傷人。有上德和沒有上德的區別就是這個，有上德的人反擊完了，還有證據證明是你欠我的，我可以不追究。無緣無故去打別人，欺負別人或者對別人說：「你放心打我，欺負我好了，我會原諒你的。」這是沒有上德。

「**天道無親，常與善人**。」天道不是人，是自然規律，所以無所謂親，無所謂仇，只有循環的因果。善人，我反覆強調了不是善良的人，而是上德厚重的有道之士。「天網恢恢，疏而不失」，你傷害我，我自然反擊；人類傷害天道自然，天道也自然反擊；不養上德，不修大道，身體就不好；認真修煉符合自然規律，修天人合一，融入自然，當然就可以長久。萬物都是天地所生，所以天道只看因果，不論親疏。

第八十章　小國寡民

小國寡民。使有什伯之器而不用；使民重死而不遠徙。

雖有舟輿，無所乘之；雖有甲兵，無所陳之。

使民復結繩而用之。

甘其食，美其服，安其居，樂其俗。

鄰國相望，雞犬之聲相聞，民至老死，不相往來。

「**小國寡民。**」小國不是國家小了才好混的意思，是相對大國來說的。天下只有一個大國，就是天子直轄的地區，小國指分封的諸侯國。

老子認為可以把諸侯國分的更小一些，土地小了，人員也就少了。人少了，就不會強兵，可怕的慾望也就沒有了，這樣更有利維護國家中央的權威。所以小國寡民不是分裂，而是更好的維護國家統一。小國在這裡根本不是國家的概念。周朝最後就是被強大起來的諸侯國所滅，這也體現了老子思想的前瞻性。秦朝改分封制為郡縣制，其實也是這一思想的體現。

「**使有什伯之器而不用；使民重死而不遠徙。雖有舟輿，無所乘之；雖有甲兵，無所陳之。使民復結繩而用之。**」五個人的軍事單位叫伍，什是由十個人組成的軍事單位，佰是由一百個人組成的軍事單位。意思是說，會製造一些器械，效率是人力的十倍百倍，可是也用不上。為什麼呢？因為可以自給自足，如用技巧代替自然，人就

會生出投機取巧的之心。人就開始以物為貴，越來越見不到本性。人多我少就會有自卑的心理，就會以逐利為先。大家看看上世紀五、六、七十年代，大家生活水準都差不多，但人性是不是比現在淳樸的多？

　　老子不是說賺錢積物不對，而是不能迷失本心。大家生活安定富足，你讓他去別的地方謀生他也不會去，只有不滿足的人才會冒險去陌生的環境裡生活。所以中國人傳統上是重死而不輕生，能活的下去就不會鋌而走險。人們都不願意去遠的地方，交通工具自然就用不上了；人少國弱，有軍隊也成不了陣勢。

　　「使民復結繩而用之」。這裡的意思不是讓大家都沒文化不用認字，而是恢復天道自然的生活方式。《易‧繫辭下》記載：「上古結繩而治，後世聖人易之以書契。百官以治，萬民以察。」結繩就是體現自然最真實狀況的記錄方式，文字是自然抽象的記錄方式。老子用在這裡的真實意思是，恢復貼近自然的生活方式，不以人的智慧喪失天道。

　　「甘其食，美其服，安其居，樂其俗。」這樣才能使人民有充足美味的食物，漂亮的衣服，安適穩定的住所，淳樸的風俗。

　　「鄰國相望，雞犬之聲相聞，民至老死，不相往來。」說明諸侯國都很小，互相能聽到雞和狗的叫聲，大家都很安定富足，用不著相互做貿易。

　　老子在這一章講的是他在當時的治國策略，就是強化中央的權威性，諸侯國要分的更小更多，這樣各國國君就

不會產生可怕的慾望。漢文帝時搞的推恩令就是用的這個
方法。在修煉上來說就是內在順遂,不求於外;內在安
穩,安而無憂,不要讓外界打擾。所以佛家也說:「身內
即樂土,何必身外求?」

第八十一章　為而不爭

信言不美,美言不信;

善者不辯,辯者不善;

知者不博,博者不知。

聖人不積。

既以為人己愈有,既以與人己愈多。

天之道,利而不害;聖人之道,為而不爭。

　　這一章是總結,說有道之士不一定要知識廣博,但是
他們一定能抓住入道的根本,解決問題會效法天道自然的
利而不害、為而不爭。

　　「信言不美,美言不信。善者不辯,辯者不善。」
信,這裡是真的意思。前面說過「其精甚真,其中有信」
信言就是真言。真言質樸,用普通人的價值觀衡量並不好
接受,所以不美。普通人更喜歡誇大其辭,以取悅自己的
言語,但美言一定不是真言。善,有道之士。因為講的是
符合天道自然的真話,用不著去辯論,急著去辯論的人不
一定明白大道。善者不辯並不是不會辯論,是不去互相攻
擊,亂說一氣。而是用真實的道理來解決誤區。

　　太極拳是多簡單的道理，就是不丟不頂而已，修煉身心多簡單，就是《黃帝內經‧上古天真論》裡的這幾個要求：「提挈天地，把握陰陽，呼吸精氣，獨立守神，肌肉若一。故能壽敝天地，無有終時，此其道生。」真傳一句話，瞎寫萬卷書。說那麼多理論幹啥？技擊就是看能不能做到不發而發；養生就是卻病延年；入道就是明心見性，養浩然正氣。

　　「知者不博，博者不知。」這句誤讀也很多，這裡講一下，知者，通天道自然之士。

　　悟道的人對物理的繁雜是不會也不可能全都通曉的，但他們一定能瞭解萬物相通的道理，也就是萬物一。世間雜學很多的人卻不一定是通曉天道自然的人，多聞並不能真正地明白道，因為道並沒有那麼複雜。想得太多不一定就能想明白，天天格物不如先格自己好了。這裡就要講一下，所謂開悟的人每天也都在遇到新的問題，可是他們都能處理得當，並不是以前他們遇到過此類的問題，而是他們先明白了自己，就通曉天道自然才是處理問題的大原則，也就是心如明鏡，只有心中對一切事物的起因、發展、經過、結果能有一個正確的認識。那在遇到任何問題的時候，都能得心應手，不至於驚慌失措，手忙腳亂。大道本身就有通達的意思，一通百通，無所不通。

　　「聖人不積，既以為人己愈有，既以與人己愈多。」聖人不積，不是不積財物，有道之人也不能喝風，這裡是不積人德。

　　通俗的解釋是把自己的財物施捨給別人，自己就是不

積財而積德了，其實這就是積人德。有道之人是積天德，以自然之道濟人，行不言而教，人越相信天道自然就會越依靠自然。比如什麼時令種什麼，吃什麼，做什麼，越是自然生活人們就越健康，人越貼近自然，大自然的能量就越好，能量越好有道之士自己就得到的越多。

「天之道，利而不害；聖人之道，為而不爭。」

這一句是整篇「德經」的總結。天道至虛至空，博大空曠，造化萬物，滋養萬物，卻不居功，不將萬物視為私有，一視同仁，無恨無親而有大愛，就是利而不害。有道之士以天道自然的規律修煉處事，表面上看起來與常人沒什麼不同，如果一定要說有什麼區別，那就是順導萬物而不妨害萬物，依自然規律生活。

哲理小説　弊物

　　小時候也不知幾歲那年，我拜入太一真人門下學道。和我一起學道的有兩個少年和一個小女孩，在他們中間，我排行老三。我不知道他們的名字，他們也不知道我的名字。我喊兩個少年為大師兄，二師兄，喊小女孩為小師妹。他們則喊我三師弟，三師兄。

　　我們一起喊太一真人為師父。師父給我取了個名字，可我一直不明白這名字的含義，平時也沒人叫我名字，我自己有時都想不起來。

大師兄

　　大師兄平日裡喜歡待在竹林裡。那個地方幽靜清冷，活潑好動的人很難在那裡待的下去。大師兄喜歡坐在岩石上看水，他說，水就像師父教給自己東西一樣，他看得越多，對師父教的東西就越能理解。

　　我問：「大師兄，你總是看水，不無聊嗎？」

　　他答：「或許吧，但越是這種平淡，就越能接近我追求的東西。」

　　我又問：「那大師兄你追求的是什麼呢？」

　　他沒有急著回答我，而是摸了摸我的頭，說道：「你

以後就會知道了。」

以後，以後是多久呢？我看著這個清秀的少年，愣愣出神。

大師兄是我們眼裡的怪人，他說的話很多我們都聽不懂，但師父聽得懂。或許在師父眼裡，只有大師兄有資格繼承他的衣缽。

大師兄安靜，沉穩。他一個人住在竹林裡，由師父的其餘弟子輪流給他送飯。大師兄長得也很好看，他大概是我們中間長得最好看的一個。

每次我與人吵架或生氣的時候，我都會跑到大師兄這裡。坐在大師兄旁，看著潺潺流動的河流，我的心總會平靜許多。

有一天，大師兄問我：「師弟，你的志向是什麼？」

我說：「我還沒想好，大師兄，你的志向是什麼呢？」

大師兄說：「精神專一，動合無形，贍足萬物。能做到這一步，我就知足了。」

我笑了：「大師兄你又在說讓人聽不懂的話了。」

大師兄也笑了：「反正你也習慣了，不是嗎？」

我們倆同時笑著。笑完後，我問道：「大師兄你為什麼要把這個立為自己的志向呢？」

大師兄想了想，反問道：「用千金的城池換你的左胳膊，你換嗎？」

我搖了搖頭。

大師兄又問：「用絕色的美女換你的右胳膊，你換嗎？」

我再次搖了搖頭。

大師兄繼續問：「切斷你的四肢，削弱你的五臟，讓你精神萎靡，渾渾噩噩。但給你滔天的權勢，富可敵國的財富。即便如此，你換嗎？」

我搖頭道：「當然都不能換，大師兄，我又不傻。」

「是啊。」

大師兄笑道。

「我也不傻啊。」

大師兄最後的笑容我現在還記得，他的話語依舊讓人不明所以，但他的笑容卻顯得那麼震撼人心。

因為師父開始對我授課，漸漸的，我不再往大師兄那裡跑了，對大師兄的記憶也開始模糊起來。直到有一天，師妹告訴我，大師兄叛出師門，跑了。

那次談話，成了我們最後一次談話。

二師兄

雖然二師兄也比較安靜，但比起大師兄淳樸自然的常態安靜，二師兄的安靜是在他思考時才會顯現的。因為大師兄一個人獨居的關係，二師兄就成為了照顧我和小師妹的人。

我和小師妹都很喜歡二師兄，雖然他的臉上很少帶著笑，但卻對我們很溫柔。他身材高大，身形威猛，看起來很有安全感。他曾經徒手舉起城門的門柱，能拉開二石之弓，我一直很崇拜他。

相比較喜歡的大師兄，師父一直對二師兄不怎麼感

冒，但即便如此，二師兄也一直對師父很恭敬。每次吃飯，都是二師兄親自端著飯讓師父先吃，然後他自己再吃。每次去見師父的時候，他也是弓著腰進去，弓著腰出來。

可是大師兄好像也不喜歡二師兄，有一天我問大師兄：「大師兄你好像不喜歡二師兄，為什麼呢？」

聽到我的問話，大師兄搖了搖頭，說道：「我不是不喜歡你二師兄，我只是不喜歡他想要的東西。」

我愣了愣：「他想要的東西？大師兄，二師兄他想要什麼呢？」

「二師兄啊，他想要的東西，不管是東西的本身還是發明它的人，都已經腐朽了。」大師兄微微一笑道，「再說君子只有時機到來的時候才能建功立業，對二師兄身心沒有好處的東西實在是太多了，他又怎麼懂得呢？」

依舊是不明所以的話語，我聽的雲裡霧裡。回去以後，我便把大師兄說的話告訴了二師兄。

二師兄聽我說完，沉默了一會兒才說道：「我能捕捉奔跑的野獸，能吊起游奔的大魚，就算是飛入高空的鳥兒我也能用箭把它射下。但像你大師兄這樣的人，我就毫無辦法了。」

他摸了摸我的頭，沒有再說什麼。

這番話我後來告訴了大師兄，大師兄聽完後突然轉頭看著我，那銳利的眼神是我從來沒見過的。

有一天我照常的給大師兄送飯，還沒到大師兄的草屋，我便遠遠的看見了二師兄。不知為何，我沒有立刻上

前，而是躲入了草叢之中。

我偷看了大師兄和二師兄的會面。

三年後的同一天，小師妹跑過來告訴我，大師兄叛出師門了。

第二年，二師兄患病不癒而卒，師父把他葬在了大師兄常看的那條河流邊。

小師妹

在所有人裡面，大概只有小師妹最和我親近了吧。

大師兄好靜而孤僻，二師兄雖然溫柔卻過於威嚴。他們兩個，一個是安靜的河流，一個是巍峨的山峰，在我眼裡，都是那麼的遙不可及。只有在小師妹身邊，我才能感覺到一絲煙火氣息。

但小師妹很嚴厲，這種嚴厲不但體現在她對別人的要求上，更體現在她自己身上。她的作息規律極強，並且為師門創立了九十九條門規。她雖然比我小，也愛笑，但不知為何，我卻很怕她。

師父上的入門第一堂課我到現在都記得很清楚。我和師妹剛入山，在我們第一堂課上，師父讓我們先確立自己的志向。到了發言的時候，大師兄靜默不言，二師兄恭敬卻不說話，我則是因為搖擺不定，不知道該說些什麼好。

只有小師妹，站起身來，豪邁的說道：「凡聖王者，不貴義而貴法，法若明，令比行，此吾所以追矣。」

這堂課的第二天，大師兄去了竹林，二師兄開始守在師父身邊。而門裡的大小事宜，則全部都歸於小師妹手

裡。

師父雖然只有我們四個弟子，但不代表他沒有別的學生。師門有很多外門弟子，他們多多少少都是聽過師父一堂課或幾句話便湧來拜師的。小師妹把他們安排的井井有序，就連師父都誇讚小師妹，說她以後一定是王佐之才。

但每次誇讚完，師父都會歎息一聲。從歎息聲裡，我聽出了很多別的東西。

終於有一天，小師妹不再滿足只安排門裡的事宜。她提出要下山歷練，我阻攔不過，只好去告訴師父。

但讓我沒想到的是，師父同意了。看著小師妹離去的背影，我的心裡五味雜陳。

大師兄離去的第三年，二師兄病死的第二年，小師妹以身殉道，被人殺害了。

終於，偌大的師門，只剩下了我和師父。

太　墟

師父帶著我離開了這個地方，他讓我閉上眼，然後牽著我的手一直往西走。我閉著眼，感受到身體慢慢的浮空，直至化為虛無。

師父說：「好了，睜開眼睛吧，我們到了。」

我睜開眼睛，環顧四周。我問師父：「師父，為什麼我要閉著眼睛？」

師父說：「因為你不閉眼你就不能到這個地方。」

我問：「那師父為什麼不用閉眼。」

師父說：「因為，我是太一。」

我又問：「師父，這是哪裡？」

師父說：「這裡是太墟，這裡，是我的家。」

太墟，是師父的家。而現在，它也成了我的家。

我說：「師父，這裡太寂寞了，我受不了。」

師父說：「不會寂寞的，我的弟子都在這裡。」

師父指著地上的劃痕，說道：「這是你的小師妹。」

師父指著不遠處的一塊殘渣，說道：「那是你二師兄。」

當我問，那大師兄在哪裡的時候。師父長歎一聲，幽幽的說道：

「他已經比我們先一步來到了這裡。」

就這樣，我住在了這裡。

白　澤

因為師父整日不見蹤影，所以在太墟，只有大師兄和我做伴。

自從來到太墟，我就沒跟大師兄說過話，也再也沒見他笑過。我跟他沒有眼神交流，沒有言語交流，因為他能看得到我，我卻看不到他。

但我卻並不慌張，他彷彿和整個太墟合為一體，讓我處處可以感受到他的氣息，這也讓我感受到了前所未有的寧靜。

寧靜到，逐漸忘了家。

太墟沒有溫情，而沒有溫情的人，是不會想家的。

太　極

在太墟從來不用入睡，但是，會醒。

當我睜眼的那一瞬間，就意味著我該離開這個地方了。

和大師兄還有師父不同，我本來就不屬於這裡。

在我離開的前一天，師父把我叫到了他面前。

他問我：「知道你自己的志向了嗎？」

我點點頭。

他又問我：「知道你自己名字的寓意了嗎？」

我又點點頭。

師父笑了，這是我第一次見到師父笑。

他摸著我的頭，親切的，舒適的，摸著我的頭。

我感受到了師父的溫情，也是在那一瞬間，太墟消失了。

因為我真正睜開了眼睛。

天　地

我離開了太墟，來到了一顆藍藍的星球上。

我生活在這裡，感受到了前所未有的溫情。但我感受的越強烈，我就越悲傷。我不知道我怎麼了，但我知道，我不屬於這裡。

在這裡我從小跟所有人一樣，念著書，念著太墟中二師兄幻化的殘渣的殘渣，有時候念著念著，我的淚水就會奪眶而出。

　　我感受到了和地球類似的孤獨，但是地球不是人，我卻成為了人。人的感情混合著孤獨，它試圖逼瘋於我。

　　帶著太墟的殘念，我和它爭鬥了無數年。

　　我尋找著大師兄，二師兄，和小師妹。終於有一天，我找到了他們。

　　二師兄依舊像以前一樣，很受人們的敬愛。小師妹也像以前一樣，人們被她安排的明明白白。

　　唯有大師兄，他還是像和在太墟的時候一樣，沒有說話，沒有笑容。但是現在，我看見了他，他卻沒辦法看見我。

　　我試圖追尋他的溫情，可是和人類的溫情相比，大師兄的溫情冰冷的可怕。

　　人們害怕的紛紛躲避，並以此詬病。但我卻欣然往之，奔跑著去迎接他。

　　幻影和殘念結合，它們復活了我內心中的火種。在人間流浪的時候，我終於確立了自己的志向。

　　我問大師兄：「師父呢？」

　　他沒有理會我，但是我明白了他的意思。他已經用了五千多字告訴我，師父在哪兒。

　　於是我靜下心來，淡淡的品味著，來自於太墟最後的幻影。

　　就好像當年，我坐在他身邊，看著流徑的河水，感受著前所未有的平靜和安寧。

國家圖書館出版品預行編目資料

以心悟道論道德本源／劉駿濤　著
──初版──臺北市，大展，2021 [民110.03]
　面；21公分──（武學釋典；50）
ISBN 978-986-346-324-5　（平裝）
1. 道德經　2. 研究考訂
121.317　　　　　　　　　　　　　109022117

以心悟道論道德本源──從太極拳高手到應物自然

著　　者／劉　駿　濤

責任編輯／艾　力　克

發 行 人／蔡　森　明

出 版 者／大展出版社有限公司

社　　址／台北市北投區（石牌）致遠一路2段12巷1號

電　　話／(02) 28236031・28236033・28233123

傳　　真／(02) 28272069

郵政劃撥／01669551

網　　址／www.dah-jaan.com.tw

E-mail／service@dah-jaan.com.tw

登 記 證／局版臺業字第2171號

承 印 者／傳興印刷有限公司

裝　　訂／佳昇興業有限公司

排 版 者／千兵企業有限公司

初版1刷／2021年（民110年）3月

定　價／300元

大展好書　好書大展
品嘗好書　冠群可期

大展好書　好書大展
品嘗好書　冠群可期